濯 锦 工 匠 · 百 匠 大 集

罗彬　蒋林　胡文峰———主编

四川科学技术出版社

应工匠精神发扬，让社会少几分浮躁，多一些沉淀。

袁庭栋

以匠心回報

初心　魏夢峰 題

顾 问

袁庭栋

著名巴蜀文化学者

林文询

中国作家协会会员　四川文艺出版社编审
四川省作家协会主席团名誉委员

魏学峰

四川博物院副院长　研究员　首席专家

胡绍中

四川大学锦江学院艺术学院院长　教授

王力本

四川省轻工业情报研究所原副所长　研究员

刘贵民

四川省非物质文化遗产专家评审委员会委员

安渝平

四川省文化馆原副研究馆员

编委会

序

清晨，我们睁开眼，就拿出手机刷微信，刷微博，刷知乎，看抖音，我们关注了哪些问题？睡前再刷下微信，刷微博，刷知乎，看抖音，我们又关注了哪些问题？

不知道大家发现了没，这一天下来都是在接收信息。看起来一天过得很充实，不停地接收最新资讯，不停地学习最新知识，不停地探讨互联网与职业发展之路。大脑每天都是被动地塞进一堆不知道有用还是没用的信息。但这是正常的吗？

这个时代，充满了太多的"快文化"。大多数人都很急躁，都想在最短的时间内提升自己的能力，提高自己的生活质量，赚更多的钱。大家手机里是否收藏了大量介绍如何提高学习效率，如何快速做好产品，如何快速学会一门技能或知识等等的文章。读的时候激情满满，而读过后，这些文章却被我们很快遗忘，永远躺在了寂静的角落。

古语有云："不忘初心，方得始终。"可"初心"到底是什么？在我走进书中主人公那些动人的事迹和他们伟大的灵魂后，我才发现，初心就是情怀。可是我们在追梦的道路上已渐行渐远，初心常常被我们遗忘，正如纪伯伦所感叹："我们已经走得太远，以至于忘记了为什么出发"。路途的艰险或是诱惑，都可能使我们在通往内心方向的道路上迷失。我们应该常常自省，我们的初心是什么？

然而，不管社会发展怎么快，总有一群人停留在自己的精神世界里，他们仍牢记着自己的使命！从无形到有形的转换，由创意转变成作品，认真苛刻地对待每一个流程，坚持慢工细作的程序，将一件件完美作品呈现在世人眼前。所以，在如今这个时代，重提工匠精神、重塑工匠精神，无论是对于个人还是对于企业来说，都有着十分积极的意义。

人的核心因素是精神，工匠精神的培养就是帮助人树立一种信念，一种锲而不舍、精益求精的信念。工匠不断雕琢自己的作品，不断改善自己的工艺，同时也享受作品在手里升华的过程。

当然，我们不仅不能让这种精神消失，而且在当今社会还应当大力提倡，要鼓励，还要宣传，更要培育精益求精的工匠精神。

所谓的工匠精神其实就是匠人之心或匠心。

匠人之心包含些什么内容呢？

其一是爱心。作为一个工匠，要热爱自己的工作，热爱自己的事业，全心全意，付出真心。劳作不仅是为了获得报酬，而是对他的作品倾注情感，甚至寄托灵魂，像爱自己的孩子一样，尽心竭力地呵护他成长，不避艰苦而又自得其乐。每一件作品，都是精心呵护的成果，同时也是精神上的自我实现。

其二是恒心。对所从事的专业不三心二意，不半途而废，有坚强的意志，坚持不懈，勇往直前，尽管其中要经历种种痛苦和挫折，也要勇敢地直面困难，坚强地走出困境，去实现匠人的境界，直到把最好的成果奉献给大众。亦如我们今天在博物馆中看到的精美的玉雕，古代还没有现在的机械化加工工具，古代的玉匠，仅仅用绳与砂浆，慢慢地，一天天地切磋琢磨，甚至有的要费数十载心力，才能将未经雕琢的璞玉制成传世珍品。

其三是敬业。工匠在加工作品的过程中，不断改善自己的工艺，注重细节，一丝不苟，精雕细琢，不断追求完美和极致，让作品在手里不断升华。如古代木器家具的制作，没有钉子螺丝，更没有机械化设备，木匠就是用手上的锯、刨、斧、凿加工木料，一榫一卯，吻合之精准，似天衣无缝；一线一面，琢磨之精细，泛水月光华。

其四是创新。工匠不仅需要灵巧的双手，还要有创意，有灵感，不落窠臼，不拘一格，大胆探索，推陈出新。在不断创新、不断比较中，推动手工艺的发展。以刺绣为例，最初的刺绣只有正面图案，而且是由单色片块组成，后来经过匠人的创新，不仅正反两面都出现图案，而且色彩的浓淡过渡和颜色的调和变化更富艺术性与美观性。近些年，还出现了立体手工刺绣。刺绣手法和图像的不断创新让我国的手工刺绣工艺领先世界。

可见，匠人之心，不仅是对传统工艺的继承和发扬，它还是一种道心、一种良知、一种意志、一份情怀、一份责任。古今许多巨匠，都是经过时间的历练，才由普通工匠成长为行业翘楚。他们的作品长存于世，他们的精神永远是我们后人学习的榜样。

在这充满着喧嚣和浮躁的时代，只有淡泊名利，不忘初心，宁静致远，返璞归真，将灵魂寄托于真善美，将梦想落实在行动中，才会有收获，有成就。

我们希望，让曾经对中华文化做出过卓越贡献的工匠精神在新时代重现生机，希望各路工匠之心汇成大匠之梦，在这古老而年轻的中华大地上重放光华。

《濯锦工匠·百匠大集》编委会

目录

目录

初心

王彤

　　城市装饰雕塑和墙面画不仅美化环境，更代表了一个城市的文化底蕴，吸引着人们的目光，反映着风土民情。更重要的是，它们的设计具有学科交叉的专业结构，只有与相关的专业、文化和审美相结合，才能创作出完美的作品，才能与城市的整体环境结合起来。

　　在成都，有这样一位墙面画和雕塑工匠，他将多年的美术知识和雕塑、墙面画经验相结合，把四川文化元素融入其中，形成了独特的文化产品。他就是王彤，一位来自河北唐山的90后"蓉漂"。

王彤虽然是90后，但他已经先后参与了成都东郊记忆大型喷绘、万达广场壁画、甘孜藏族自治州新龙县雕塑等城市街景的设计制作。那么，王彤是如何走上艺术这条路的呢？

王彤出生在河北唐山的一个小镇，父亲是一位煤矿工人，母亲是一位中学教师。"我的学习时间，基本上跟母亲在一起，她会辅导我写作业。其他时间，我就跟父亲在一起。父亲是一个很热爱画画的人，自小父亲就教我绘画基础。"王彤说。

谁知道，渐渐长大的王彤却忍受不了绘画的枯燥。于是，看见小伙伴都在玩耍的时候，他便丢下手中的画笔跑出去跟他们一起玩。到了高中，为了能考取大学，王彤只有拿起多年不画的画笔恶补起来。为了能把基础学得扎实，父亲还在北京给王彤报了专业美术补习班。

有了小时候的基础和北京大半年的急训，王彤高考获得了河北省的美术专业考试第一名，最终考入了西南民族大学雕塑系。

"也许很多人羡慕大学里的校园生活，可我们学雕塑的却是比较枯燥和寂寞，整天就跟泥巴和石膏打交道。"
到了大二的时候，王彤出去做了兼职，主要是帮人做一些
雕塑加工等。四年大学毕业后，王彤在成都龙泉驿找了一
个当美术老师的工作。王彤说："回想那段时间，或许是
我最迷茫的时期，感觉自己有点一无是处。我一直纠结于
走还是留。幸好有大学期间的兼职经历，于是就去做做雕
塑制作。在这个过程中认识了一些志同道合的人，慢慢地
我们有了自己的工作室，到后来联合成立了雕塑厂，主要
是帮助一些商业综合体做一些雕塑作品，以及一些墙体彩
绘。因为这个团队我最终选择了留在成都，成了真正意义
上的'蓉漂'。"

　　作为一位年轻的"蓉漂"，在创业之初王彤还是有很
多艰辛。王彤的团队需要勤奋地出去跑业务，然后再不停
地做方案。只要有人愿意跟他们谈业务，他们都不会错过
任何一次机会。就这样，靠着努力和坚持，王彤的团队制
作出来的产品慢慢地得到了很多人的认可。

　　如今，王彤的团队制作的独特的文化产品在市场上的
反馈也是好评如潮。事实上，将四川文化元素融入各种文
创产品中的例子屡见不鲜，那么，在王彤眼里，这四川文

化到底有何独特之处呢?

王彤表示,四川有很多东西可以代表四川文化,也就是四川的文化载体有很多,这使得他们进行创作的时候会有更加明确和简单的目标。将四川的地方文化元素融入雕塑和墙体绘画的作品中,一方面是市场的需求。现在的雕塑和墙体绘画市场比较混乱,许多人直接就在网上借鉴或者是照搬。那么,为了跟这些作品有所区别,他们就只有想办法坚持做原创。另一方面,他觉得一个地方的特色也是这个地方的文化载体,所以他想让没有专门学过美术的人都能看得懂这些作品,或是一看就知道这是四川特有的一些元素,包括三国蜀文化、熊猫文化等。

对王彤而言,自己制作的文创产品必须兼具实用性。这就跟其他同类产品有所区别。大家平时可以用到的东西比如一件T恤衫、一个盘子,这些都可以拿来做文创产品。文创产品也不一定就只是一个摆设纪念品,日常生活中的东西其实也可以做成文创产品。"像盘子的形状,如果运用到雕塑里的烤瓷技术,那也是比较好实现的一种方式。"王彤说。

谈及墙面画,很多人就会跟涂鸦画等号。其实,这二

者之间还是有所区别的。王彤介绍道："从材质来说，涂鸦一般采用的是进口喷漆，兴起也是源于国外的街头嘻哈文化。而墙面画主要还是以中国风这些流行的元素为代表，一般用笔和丙烯颜料去体现。当然，它们都是以墙体作为载体，而且具体表现手法都差不多，呈现的效果也是差不多的。"

平时大家见到的雕塑和墙面画都是非常漂亮的，那么，它们的创作过程是怎样的呢？王彤为大家一一揭秘。

"雕塑和墙面画大体上都是一样的流程，只是制作手法不一样。它们的构思开始都是做一张设计图，包括自己的设计理念如何在产品中体现，这是关键。其次是团队，不同的团队适合做哪种风格，大家心里都有定位，以专业的团队去做就很容易体现设计图所要表达的寓意。在中后期，雕塑的操作就比较麻烦，需要翻模、打磨和安装，工序稍显复杂。而墙面画的操作相对比较简单，直接在墙上画好后再做保护就行了。"

接下来，王彤想继续在雕塑和墙面画上做原创，也想继续坚持把四川的特色融入自己的文创产品中，让外地人更加了解四川地方文化。把墙景美化作为支持城市精神文明创建工作的一种表现形式，与改善并美化城市街景结合起来，形成一道和谐、文明、充满人文气息和艺术感的城市风景线。

最后，王彤表示，不管是雕塑还是墙面画，创意构思和有一个专业的创作团队都是不可或缺的，但坚持和耐心却是重中之重。如此，产品才能以更完美的形态让人们去认识，创意也才能通过艺术手法直观地传达给人们。

在湖北博物馆的曾侯乙墓展区，除了能够奏出"盛世华音"的大型编钟牵动人心外，还有数量庞大的漆木用具为先秦之最；在湖南长沙马王堆，除了千年不腐的辛追夫人、素纱禅衣外，还有一组组精美漆器还原着这个钟鸣鼎食之家千年前的日常生活。

漆器，中国最古老的器物装饰品之一。早在约 7 000 年前的河姆渡文化中，就已有漆器的身影。战国、秦汉以来，由于创作大型漆器费时费力，漆器逐渐成为贵族阶层追求精致生活的象征。随着时光流转，如今，漆器早已从贵族专供，飞入寻常百姓家。

红漆双鱼杯、螺钿镶嵌红手镯、黑漆茶罐……成都漆器工匠王俊林用近30年时光打造出了一件件适合现代人生活方式的漆器。

自古以来，中国漆器盛产于山西平遥、四川成都、安徽屯溪等地。成都漆器以天然木材、生漆为原料，做工精湛，风格独特。其历史悠久，可上溯至春秋战国时期，至汉代为辉煌顶峰。曾侯乙墓以及长沙马王堆出土的精美漆器，许多都出自成都。

成都漆器兴盛，得益于四川盆地优越的地理环境。中国漆树大体分布在北纬25°~42°、东经95°~125°之间的山区，四川正好具备漆树生长的条件。《华阳国志》记载，蜀有"桑、漆、麻、纻之绕"，说明蜀地不仅盛产我们熟知的桑、麻，也盛产漆树。同时，制作漆器也需要很严苛的条件，一般需要温度在25摄氏度左右，湿度在70%左右，成都平原恰好也符合这两个条件。

不过，即便在自然条件如此优越的成都，漆器匠人一年的产出量也少得可怜。王俊林一年的成品不过几十件，不是因为她手上活儿慢，而是因为漆器的奥秘就在于一个"等"字。

制作漆器，首先要在原木胎底刷上一层生漆，有时需在杯口处裱上一层布，以加强器物的耐用性；之后是上灰，经过"三灰三磨"，底胎基本成型；再一遍一遍地刷漆、打磨；当器物成型，便开始了装饰、抛光……

从普通木材到艺术作品，一件漆器要经过工匠几十道工序的打磨方能完成。每上一道漆，都要花一两天甚至三五天的时间等漆阴干，没有足够的耐性，很难完成这项工作。

成都每年开春的时候，温度和湿度都最适合做漆器，王俊林总是早早地坐在工作台前，开始一天的工作。工作台上的毛刷、雕刀、刻刀、砂纸见证着王俊林日复一日的努力，特别是养在香油瓶子里的毛刷，用得最久的已经陪伴了王俊林十几年。毛刷就是漆器匠人的"武器"，基本都是自己手工制作的。一把毛刷有十几厘米长，先刷上生漆，再用木头固定，刷头磨光了，就像削铅笔一样往后削。以前成都漆器厂的老师傅说，一把好刷子，能用一辈子。王俊林也想让这些毛刷陪伴自己一辈子的手艺时光。

王俊林在工作室里建了一个小小的阴干房，每刷好一层漆，就放到里面等待阴干。由于大多数时候都在等，王俊林一般是几十件作品同时开工。春去秋来，经过大半年的时间，几十道工序基本完成，一批精美的漆器便问世了。

春天播种，秋天收获，一批漆器从开工到完成恰好暗合了大自然的四季规律，急不得半分，只能在时光中慢慢磨炼。

经过多次上漆与打磨的漆器，大多还是温润平凡的器物，必须要经过最后的装饰，才能散发出更加耀眼的光芒。而王俊林进入成都漆器厂后，做得最多的就是这个工作，这也成为她对漆器最初也是最深刻的理解。

1991年，19岁的王俊林高中毕业，做木工的父亲希望她学一门手艺。王俊林和朋友们一起来到金河街的漆器厂参观，十八九岁的小姑娘对美好的事物总是充满向往，橱窗里那些精美而华丽的漆器让人心醉，从此，王俊林的生命便与漆器再也分割不开了。

进厂后，很长一段时间里，王俊林都在学习简单基础的"刮灰"工作。刚接触大漆的人多会长漆痱子，王俊林也不例外。那时候，她的手臂上长满痱子，经常半夜三更被痒醒。无论是工作的枯燥还是身体的不适，都没能打击王俊林的热情，她愣是咬牙坚持了下来。

一年后，正式分配工作，由于有一定的美术基础，王俊林被分到装饰组，师从邹小屏、黄万强等老工匠。学装饰，第一步是要学会调适色漆。天然生漆呈乳白色，色漆则是在其中加入朱砂、孔雀石等矿物颜料粉末调和而成，如同画家手中的颜料，斑斓的色彩在漆器匠人的色漆中呈现。

王俊林还记得刚学调色的时候，只知道用简单的红、白两色，师傅们告诉她，加少许绿色颜料，能够使人物面庞更加温和柔软、栩栩如生。意识到自己的不足后，王俊林开始买书自学，还在休息之余报了一个美术班，以培养自己对色彩的敏锐度。

成都漆器的装饰方法有雕、嵌、描、绘、堆、贴等，其中雕花填彩、银片丝光、精细彩绘等技艺在行业内独树一帜。漆器上有时会粘有贝壳、蛋壳、锡片、宝石之类的物品作为装饰，制作这类漆器最容易出现的问题，就是在打磨时将装饰物磨穿磨掉，一旦失败，就要重新粘贴，再重新上漆。

漆器装饰最难的是变涂工艺，看似容易的画面，其实不是简单用笔描绘出来，而是一层一种颜色刷漆，再一层一层打磨出来。往往只有到最后一步，才能呈现出完美的效果。如果不满意，王俊林就会重新上漆，等阴干后再重来。

多年与漆器打交道，王俊林喜欢尝试与创新。她曾试图打破锡片或手绘的传统孔雀羽毛的做法，而是在小样上撒漆粉，以凸显羽毛的蓬松，这样的作品更加立体生动。

中国传统漆器多以黑、红两色为主，彰显出东方文化的典雅庄重。不过近些年，王俊林在装饰中加入了如今流行的青、绿、蓝等色，她希望有更多年轻人能喜欢这种器物。

从1992年做出第一件属于自己的漆器作品——一个泥塑胎底的菊瓣小盒，到2016年她被评为"四川省工艺大师"，再到如今自己在工作室中细细打磨每一件作品，王俊林对漆器的热爱始终不曾减退半分。她说，很欣慰这项传承千年的工艺制作出来的器物可以成为人们生活的日常用品。

时光流转，漆器不腐。

叶青

—— 坚持和耐心铸就匠心

　　也许爱花的人都是兰心蕙质，都有过"花无百日红"的遗憾。现在，如果有这么一种花，美丽可以恒久不变，而且是自己亲手制作的，你会心动吗？是的，这就是纸艺花。

　　在成都，就有一位纸艺花工匠。她曾参加由四川省旅游协会和第六届中国花卉博览会执行委员会共同举办的"花博杯"四川省首届大学生旅游艺术设计赛，获"民间工艺设计优秀奖"及"民间工艺类时尚奖"；制作的"印象纸艺花卉系列"获第七届中国"三品"博览会银奖……这些成绩的背后是她十多年的坚持不懈和不断创新。她就是叶青。

聊起纸艺花，叶青就有说不完的话题。她介绍说："现在大家所说的纸艺花，其实就是源自中国台湾的纸藤花。"

纸藤花，简而言之就是用纸做的能达到以假乱真效果的立体的花，有茎、有叶、有花蕊等，形态逼真，颜色各异。

纸在汉代开始使用。发展到现代，人们利用牛皮纸、再生纤维纸等纸质原材料做成了纸绳。纸藤是纸绳应用的一个创新发展，成为人们钟爱的美术创作素材之一。

纸艺花能够短时间内在花卉市场异军突起，成为人们选购的装饰新宠，肯定有着它绝对的优势。叶青表示，绿色环保、维护简便、韧性好、不易破损、保存时间长是纸艺花的优势。并且，纸艺花有自然的直条纹理，这种纹理使花朵更自然、美观。再加上成本低廉、运输方便，纸艺花跟昂贵易坏的鲜花相比，优势非常明显。如今，纯手工制作纸艺花蔚然成风，成为一项新的休闲养性活动。闲暇时间，去一家纸艺花店，一边品茶，一边聊天，一边搓开一根根纸藤，用展开的花纸做出异常美丽的花儿，叶青说："很多人看着自己亲手制作出来的纸艺花，都感到成就感十足。"

十多年前，叶青从成都理工大学毕业后被安排到电信局工作，一年后，她就辞去了所谓的铁饭碗，再到某卷烟厂担任销售工作。八年后，叶青放弃稳定的工作，再次辞职，专职从事纸艺花制作。这在家人看来是放弃了铁饭碗，那叶青为何做此决定呢？

叶青表示，自己在成都锦江边出生、长大，从小出门就能见到河两岸的各种鲜花，所以渐渐地就迷恋上了花的芬芳。作为墨香世家的子女，父母总是喜欢自己的子女能够文文静静的，特别是女孩子。因此，父亲隔三岔五也会邀约文墨笔友到家挥毫泼墨，时不时也会给她讲讲丹青笔墨，偶尔也会教她练练书画。"从小痴迷各种花，也很爱手工。而且爷爷是木匠，奶奶喜欢绣花，父亲也很喜欢手工，所以我从事纸艺花工作就成了自然而然、水到渠成的事了。"叶青不无感慨地说。

谈及自己的第一个纸艺花作品，叶青回忆，那是一朵粉色玫瑰花。记得那是2003年的夏天，当时成都还没有纸艺花，没有地方可以系统学习制作纸艺花，只有通过网络视频和书籍来学习。因为材料是一张纸，要做成一朵玫瑰花的话，每一片花瓣，还有花蕊，都需要纯手工制作。一朵玫瑰花，一共需要20片左右的花瓣，光是用剪刀裁剪花瓣就耗时良久。花瓣裁剪好以后，再将其用胶水一片一片地粘贴，这花的时间就更长了，做这朵花花了2个小时左右……可以说是工序烦琐复杂，需要极大的耐心和坚持。在造型上，做出来的纸艺花必须要跟真实的鲜花非常接近，这样仿真度才会更高。

2003年从事手工纸艺事业后，由于当时纸艺花还未普及，于是叶青先到一家花店做一名普通店员，她从基础插花学起，反复练习插花技巧，凭借纸艺花制作经验，开创性地将纸艺花制作与插花相结合，设计制作出多个优秀作品，在手工纸艺及插花技艺上都有了显著提高。短短一年时间，她便从一名普通店员迅速成长为该花店店长，进而担任花艺培训老师。

为了不断提高自己的花艺技术，叶青先后在中国插花大师袁乃夫先生门下学习进修，研修了架构花艺设计商务课程、欧式花艺精选（师范）ＡＡ级课程，然后在此基础上又研修了美国芝加哥花艺学院教授葛雷欧·诺许及林惠理教授的架构花艺课，并先后考取了美国花艺设计师、讲师

及教授资格。为更好地发展花艺事业，她创立了"如花手作工作室"，主要进行纸艺花开发制作、手工相册订制、插花及教学培训，其目的就是为了普及纸艺花的知识，让更多的人了解和爱上这门手工艺术。

在对待纸艺花教育上，叶青将国外优秀的纸艺创作门类与本土纸艺文化相结合，让学员们在学习、实践、感悟、创新的过程中不断提升自己，同时也让纸艺花技术得到了进一步的传承和发展。

叶青表示，花可以美化生活，提高生活品位；净化生活，提高生活质量；改善生活，优化生活环境，陶冶情操。而纸艺花以廉价的材质可以制作出你心目中想要的任何季节的花。纸艺花的品种也很多，有千姿百态的百合花，也有五颜六色的康乃馨，还有姿态和颜色都不尽相同的玫瑰花，这些花都有特定的花语。当然，纸艺花的可贵之处还在于它的永恒美丽。所以，她希望更多的人加入到手工纸艺花中来。在闲暇的时间，大家聚在店里，静下心来做些纸艺花，在动手的乐趣中放松下来，完成的作品也可以送给朋友，表达特别的心意。这既丰富了业余爱好，说不定还会有一份额外的收入。

"物与心融，境与意合"，纸艺花给人们提供了广泛的艺术想象和创作空间，在现代都市钢筋水泥构筑的高楼中，成为人们追求绿色世界的纽带，而叶青的匠心，则让纸艺花这门手工艺术的魅力尽显其中。

朱木兰

　　坐落于成都平原的新繁小镇，孕育着中国民间传统手工艺品——新繁棕编。大约从清朝嘉庆末年开始，生活在这里的人们一代一代的就都从事棕编手工技艺。1850年，新繁棕编行业正式登上历史舞台，20世纪三四十年代发展到巅峰。中华人民共和国成立以来，特别是改革开放后，随着经济社会的快速发展，市场物资供应丰富，棕编种类繁多。由于新繁棕编不能适应市场的需求，越来越成为小众化的产品，整个新繁棕编行业陷入止步不前状态，所有的棕编手工艺人迫不得已停止世代相传的手艺，改行务农。这时，出现了一个人，一个"痴人"，当所有人都认为新繁棕编已经无力回天的时候，只有她选择和新繁棕编砥砺前行。她就是国家级非物质文化遗产新繁棕编省级代表性传承人——朱木兰。

传统的新繁棕编是以编织凉帽、拖鞋、挎包等实用工艺品为主。后由于市场需求发生改变，以棕榈树叶编织的各种动物艺术小件应运而生并且受到大众青睐。每年的4~9月是棕榈树叶的采割期，人们用刀具把采割下来的棕榈叶剔去其肚筋和背筋，只保留柔软的棕芯叶，在繁复冗杂的棕编技艺中，这一道工序被称为"分叶"；之后把棕芯叶收集在一起，放入灶台里再加入硫黄烟熏，直至棕芯叶的青绿色被清除；把"去青"后的棕芯叶置放到事先准备好的瓦缸中浸泡一周的时间，待至呈蛋羹色后将其取出；最后置于阳光下晒三天左右，使其"固色"，编织所需要的材料才真正出现。新繁棕编中最常见的两种编织技法是"密编法"和"人字编"，真正的编织熟手会以这两种编织技法为基础，在编织过程中加入独创技法从而织成物坯，要把它变成一件可使用的产品还需要一系列工序，如硫黄烟熏、流水冲洗、晒干。

早年，朱木兰刚来到新繁万安。一日，她漫步在一条居民巷道里。一位古稀妇人正坐在自家门前，聚精会神地用棕芯叶编织着什么。朱木兰走向这位老人家，驻足观看，棕芯叶在老人家的手中像是长了翅膀似的飞舞跃动着，不一会儿的工夫，一顶精致、美观的帽子便成形了。她被这门中国传统手艺所吸引，从此开始尝试学习新繁棕编。没想到自己会凭借这份浓厚的兴趣一入行就干到如今。

朱木兰勤学苦练，棕编技艺不断提升，练就了具有个人风格的出色棕编技艺。她曾见证过新繁棕编行业如日中天的岁月，在新繁棕编处于最低谷的日子里，她独自坐在工作过的收购站，看着堆砌如山的棕编手工艺品，脑海中反复浮现着新繁棕编手艺人作为中国民间传统手工艺传承人脸上那洋溢着的骄傲、自豪神色，她无法自持地流下遗憾、酸涩的眼泪。她不能让新繁棕编这一传统手工艺从此销声匿迹。"这辈子我啥都不做了，我就做新繁棕编，只要我眼睛睁开能看到天，我就要把新繁棕编做好、做强！"这句质朴而振聋发聩的话语是朱木兰给自己树立的目标。之

后她为实现这句话历经重重困难，使新繁棕编行业起死回生。让以前那些丝毫不看好她的左邻右舍都改变了看法，越来越多的棕编手艺人重燃希望回归新繁棕编行业。

朱木兰坚持维护我国传统手工艺的言行传到了成都市新都区区政府有关领导的耳中，区政府为了支持朱木兰发扬中华民族传统文化的行为，于2007年以朱木兰家院子为基地创办了新都区新繁荣龙棕编专业合作社。在政府的支持下，新繁棕编行业再次恢复往昔繁荣昌盛的景象，甚至有过之无不及。朱木兰为新繁棕编事业所做出的贡献得到了有关部门的认可。2011年5月，新繁棕编被成功列入"国家非物质文化遗产名录"。

在朱木兰的带领下，新繁棕编这一传统手工艺走出了新繁小镇。她与多个社区、学校合作并开设棕编培训班，为发扬中华民族传统文化这一瑰宝培养了一批又一批棕编传统手工艺未来传承人，让他们树立起了发扬传承中华优秀传统文化的意识。除此之外，她还引导许多残疾人进入棕编事业，不仅帮助他们解决了生活温饱问题，还让他们感受到了新繁棕编传统手工艺的魅力和艺术价值，让他们真正爱上这一传统文化并且愿意为它付出心血和汗水。

2019年，新繁棕编迎来了更大的机遇。云南怒江傈僳族自治州考察团到访新繁棕编展览馆，他们想让朱木兰把棕编培训班开到云南怒江傈僳族自治州的托坪村，让连读书都成问题的贫困地区的小孩子也有机会接触到中华民族传统手工艺，同时让托坪村的村民们也能习得一门手艺。朱木兰非常理解并认同考察团的想法，她觉得这件事如果成功了，那么意义绝对是重大的。这样，朱木兰就启程前往怒江。机缘巧合下，朱木兰在当地田地里发现了散落一地的植物，微风徐来，空气中混杂着淡香，她不知道这沁人心脾的清香来自哪儿，经介绍才得知是源于当地盛产的草果秆。怡人的清香给了朱木兰创新灵感，她想如果自带香气的草果秆也能被编织成实用工艺品的话，那不仅产品有特点，还能帮助当地人致富。于是，朱木兰拾起了几根草果秆，开始实践她头脑中的构思。这是一段劳心费神的时期，连续几天朱木兰都在凌晨才入睡，早上三四点就起来编织草果秆新品。还好几周过后，她的新品"怒江草果编"被研发了出来。

朱木兰说："因为'怒江草果编'是怒江独有的，现在是产品，我要让它变成商品，再变成奢侈品！"

目前，朱木兰希望把"怒江草果编"申报为国家级非物质文化遗产项目，让"怒江草果编"这项技艺世世代代传承下去。

刘国通

　　一件藏青色长袍，一头短发，两边耳后到肩部飘逸着两缕细细的长发，这一身独具特色打扮的男子就是中国民族工艺美术木雕大师刘国通。刘国通出生于素有"雕刻之乡"美誉的福建莆田，耳濡目染莆田木雕艺术文化，让他从小对绘画和雕塑技艺产生了浓厚的兴趣。

　　成都市温江区木材交易市场，天然的石砾道路两旁整齐排列着木雕作坊，刘国通的工作室也位于此。刘国通的工作室非常宽敞，光线明亮，室内陈列的一排排木雕工艺成品让空气中萦绕着一股清新怡人的香气。在扑鼻的古朴木香之中，刘国通向我们讲述了他的雕刻艺术生涯。

刘国通10多岁的时候就离开故乡，那时他已经掌握了莆田的木雕雕刻技艺，但是他并不满足于此，或者说他想更加深入研究雕刻艺术，以及为其雕刻创作寻找灵感，于是他开始四处拜师学艺，足迹遍布全国。后来，他逐渐掌握了各地木雕技艺并且将它们融入莆田木雕雕刻中，从而发明了独树一帜的"镂空透雕可旋转工艺"，并于2013年3月14日成功申请个人专利。

莆田木雕是福建木雕中的一个重要分支，其在唐宋时期兴起，在明朝时形成了成熟鲜明的艺术特点，并在清朝时全面盛行起来。莆田木雕主要采用浮雕、镂雕、圆雕、平雕等雕刻技法，在其发展过程中形成简洁、明快、清新的艺术风格，以"精微透雕"著称。在创作过程中，刘国通喜欢"自然美"。与西方雕塑艺术的理性、具象化特点不同，我国雕塑艺术更注重一种朦胧美，"神重于形"的艺术文化精髓在我国雕塑艺术作品中展现得淋漓尽致。艺术创作需要灵感，而大自然中蕴含着丰富的灵感诱因，一

株草、一棵树、一片绿叶甚至一滴露水都有可能成为艺术创作者的灵感诱因。

在刘国通的工作室中，陈放最多的木雕雕刻艺术品是根雕制品，而根雕制品最能体现我国木雕艺术作品"自然美""神重于形"的特色。根雕是保持天然树根的原形，经过微雕刻而成的制品，用"七分天然三分人为"总结可谓中肯。刘国通说："'七分天然三分人为'中的'三分人为'需要雕刻家们用自己的想象力去完成。一株千年的树根其形态一般都是千奇百怪，雕刻家先要对它进行深度思考：它和哪种事物相似，怎么样对它进行加工但又不破坏它的原始形态。一件上等的根雕作品都需要思考、想象和雕刻工艺相结合而完成。"

刘国通有一幅名为《百牛图》的雕刻摄影图片。这件工艺品是用檀香木树瘤全手工雕刻而成。作品以自然山水为背景，山水之间有亭台楼阁、蜿蜒小径、苍松翠柏、小桥流水和千姿百态的四季花草，栩栩如生。作品中还精雕细琢了百头牛，有俯首、扬蹄、安卧、舐犊、与牧童嬉戏的，还有与鸟儿为伴的。这是刘国通最喜欢的一件作品，除了是他呕心沥血整整5年才大功告成外，作品中还展现了中国优秀传统文化内涵——耕牛精神。"破领耕不休，何暇顾羸犊。夜归喘明月，朝出穿深谷"，梅尧臣的短短四句诗把牛的吃苦耐劳、勤奋向上、无私奉献、朴实无华的珍贵品质一针见血地概括了出来，这不正是中华民族几千年来源远流长的美好品质吗？

　　刘国通就是"耕牛精神"的代表，他在木雕领域一待就是30多年，面对事业上的重重磨难，一路披荆斩棘、无所畏惧。他的双手因长年执工具刀而粗糙、伤痕累累，左手虎口处那条大约2厘米长的伤疤让人怵目惊心。这条伤疤是他在创作《百牛图》时不小心被工具刀划伤的。原来，当时刘国通由于夜里雕刻得太痴迷而忘记了时间，不知不觉一夜就过去了。当他感觉到眼睛酸痛发胀时，直起上身想休息一下，却被清晨从窗户照进工作室的第一缕阳光照亮了疲惫不堪的双眼，他这才发现已经是翌日早晨。他略微低头看了看已经完成了三分之一的作品，心中倍感欣慰，于是弯下腰继续雕刻。这时助理突然推开工作室的门，他因为过于专注而吓了一跳，执工具刀的右手偏离了原来的位置，锋利的刀锋猝不及防地在他的左手虎口处划上了一刀，顿时血流如注！

　　在刘国通工作室陈列区右侧，有件名为《十八罗汉》的作品，他正是用这件作品申请的"镂空透雕可旋转工艺"专利。整件作品用原产于四川的国家二级保护植物金丝楠木制成。这件作品由三大部分构成，十八罗汉被镂空透雕刻于十八块长方形金丝楠木片中央，这十八块长方形木片架在两根三米左右长、被打磨光滑的圆柱体金丝楠木棒之间，并且被竖着的木棒平分，与传统透雕技法不同的是，十八块长方形木片和十八罗汉像都能360°旋转。刘

国通在谈到自己的木雕作品时认为，大家认可的作品才是自己满意的作品。刘国通说："现在我就想多培养一些有文化知识、有艺术水平的雕刻人才，使整个行业发展得越来越好。"

刘音

"'一花一世界，一叶一乾坤'，花道是中国传统文化中修身养性、陶冶身心的生活艺术。它不仅可以美化环境，而且还可以陶冶情操，增进友谊……"谈到花艺的好处，一向性格内敛的刘音才打开话匣子。作为成都鑫泰阳园艺有限公司董事长、成都市锦江区鑫泰阳花艺职业技能培训学校校长的刘音，从事花艺这一行已经近30年，对花艺有着别样的情结和感悟："花艺就是展现一个人的心灵世界和手上功夫，只要投入进去就会变得热爱，因为它的确可以让人更加热爱生活，让人的心态明媚简单！"

随着生活水平的提高，人们对美的追求层次也越来越高，花艺也逐渐成了有品位的一种生活方式。刘音认为"鲜花批发面临着非常激烈的同质化竞争，做这一行的人越来越多，如千篇一律地做下去，不是一个长久之计。只有对鲜花的个性化经营，才能够提高附加值，保持住自己的核心竞争力。"于是，十多年前，刘音就逐渐转型，在出售鲜花和包装等相关材料供顾客自己动手做各种花艺作品的同时，还请来具有多年花艺经验的老师，对消费者现场进行花艺指导。"消费者不仅可以买花，还可以学习花卉知识，并亲自动手做一做花艺作品，这就是我提供的附加值。"刘音说。

刘音表示："爱花，是一种生活的情趣，花艺，是一种生活的品位。用花艺装点生活，让家有一份别样的温暖，一份文艺雅致的情调。"但同时，刘音也提醒，花艺可不只是买一盆花摆放在家里这么简单，它所需要的知识还有很多。比如，花艺要与家居风格融为一体。刘音说："目前，我们的室内花艺已经提前融入家庭装修起始环节，因为只有这样才能发挥花艺的最大优势。现在，我们正在实施'一米阳光进家庭'行动，就是希望让人们在自己的家中，通过每一朵鲜花的表情，舒缓紧张情绪，传递爱与感动，深深感受家所带来的那份宁静和惬意。"

经过多年的深耕细作，目前，刘音的培训学校名声在外，连续多年成为本土花艺教育行业的佼佼者，为社会培养了一批又一批出类拔萃的专业花艺师和成功的行业创业人才。刘音还拥有自己的花卉培育基地、绿植培育基地、花艺附件馆。这些成绩取得的背后，有着不为人知的创业故事。

刘音的祖辈以种植蔬菜、花卉为生，她打小在耳濡目染之下就学会了一些花卉知识。成家后，迫于生计，刘音就开始种植花卉，在屋前院后的菜园子里种些菊花、"伊丽莎白女王"月季花、茉莉花补贴家用。"农闲之余，我开始在成都三圣乡的高店子摆花卖。当时，我是每天凌晨3点钟骑辆三轮车拉着蔬菜和鲜花一起来卖，一般都是先把蔬菜卖完后再来卖鲜花。"

刘音敏锐的商机嗅觉也就是在此时练成的。通过几年的市场观察，她发现，同样是早市，但鲜花的附加值比种菜、种粮食高出许多。随着城市花卉需求量的急增，刘音便和其他村民一起，把自留地全都种上了花卉。当时，三圣乡花市已初具雏形。

一次，一位来自云南的亲戚到刘音家来玩，闲谈间聊起了鲜花市场。正是这一次闲谈，让刘音将小打小闹的鲜花生意做成了一个销售网络遍布全国的鲜花批发模式。原来，刘音家的这位亲戚在云南就是做鲜花批发的。当时，由于成都本地的鲜花品质和价格都不具有竞争力，于是刘音就不再满足于只是销售自家自留地里的鲜花了，通过亲戚的牵线搭桥，她开始在昆明、广州等地四处收购鲜花，再批发销售。通过努力和诚信经营，刘音的生意就慢慢做大了。

大概是20世纪90年代末，情人节开始在成都的大街小巷流行。有一次，刘音趁到上海追讨欠款的间隙去当地的花卉市场闲逛，她惊奇地发现，当地的鲜花都不是一捆一捆或者一把一把地销售，而是通过包装后一支一支地销售，这样一来，本来几块钱一把的鲜花，经过包装就变成了几十块甚至上百块了，关键还特受年轻人的追捧。当时正值情人节前夕，刘音适时地看到了这个商机，回到成都后马上从中国上海、广州甚至韩国等地区和国家批发了大量

的情人节包装盒和包装纸，许多都是成都市场上从未出现过的产品，仅包装盒就花了她30多万元的成本。这无疑是要冒险的，因为这种新的销售模式有待市场的检验。

刘音顶着巨大的压力，请了几名花艺师，为了让自己的零售商接受新的包装产品，花艺师们连夜赶制出造型各异的情人节包装鲜花作品。没想到，这些新颖的外形一下子吸引了前来选购的零售商。因为是第一家，于是，出现了令刘音终生难忘的一幕：每天从早到晚都有如潮的人群涌入自己的花店，不断又有人闻讯赶来，根本没法关门。整整一个月，刘音几乎没睡过一个囫囵觉，只有趁着人少的时候，在店内搭床棉絮躺上去睡两个小时，然后再接着起来张罗生意。最后，辛苦的劳累给刘音带来了可观的收益，而她也因此一战成名，成为花市其他商家争相学习的榜样。

刘音聪明好学、敢闯，在成功地经营鲜花批发后，并没有长期沉浸在喜悦中故步自封、停滞不前，而是通过创新经营方式，帮助有创业梦想的人自主创业。2005年，刘音在政府的鼓励和支持下注册了成都市鑫泰阳园艺有限公司，实现花卉经营公司化的运作模式，带领当地千余户花农搞起了科学化、规模化的花卉种植，带动了当地花卉市场产业化发展，将本地的鲜花推向了东南亚地区等国际市场。

致富思源、回馈社会是刘音的不懈追求。由于市场竞争激烈和城市近郊农村土地的开发，下岗工人和失地农民较多，且大部分又无一技之长的基本谋生手段，刘音看在眼里，急在心中，记在脑中，想方设法地想要帮助他们。她提出鼓励让有一技之长的村民自主创业，同时带动无技术的村民就业致富。2009年，刘音成立了成都市锦江区鑫泰阳花艺职业技能培训学校，为社会再就业服务。

几十年来，刘音的内心一直充满了对花的热爱。她说，从头到尾，她从来就没有厌倦过自己所从事的事情，也许是因为长期和花打交道，花的健康姿态始终滋养着她的内心世界，她始终看到生活积极美好的一面。她希望人们通过花艺，让忙碌的城市生活变得简单起来，让自己过得美好起来。

用花艺装点生活和心情

刘 音

刘荣璋

胡光俊

　　"晓看红湿处，花重锦官城。"这是唐代诗人杜甫《春夜喜雨》中的最末两句。诗中的"锦官城"，即成都的别称，亦简称为"锦城"。

　　成都被称为"锦官城"，和蜀锦密不可分。历史悠久的蜀锦，为中国四大名锦之一，被誉为"东方瑰宝"。蜀锦在汉代就已经通过南方丝绸之路扬名海外，成为中国走向世界的重要载体。成都生产的蜀锦，对促进东西方物质、文化交流，推动人类文明的进步，做出过不可磨灭的贡献。

　　蜀锦，作为人类历史上一项伟大发明，有着几千年的辉煌历史，但是很有可能在我们这代失传。因为对蜀锦织造技艺各工种、工序全部懂得并能实际操作的人也仅仅只有四五个，并且最年轻的都是六十多岁的老人，年纪大的甚至八十多岁，这是多么让人触目惊心的现实状况。

　　两年前，在一次"濯锦工匠"工匠见面会上，在工匠们相互交流环节中，主动抢在第一个发言的是一位年龄最长的蜀锦工匠胡光俊，个子不高但说话非常大声，他带着激动的情绪讲述自己带来的作品——蜀锦。情绪激动的主要原因是认为现在市面上有太多的织绣产品冒充蜀锦，他因此很担心蜀锦的命运。

刘荣璋　胡光俊

蜀锦文化需要抢救性保护——

　　胡光俊是一位七旬老人，总是保持着一副精力非常充沛的样子，一说起蜀锦便滔滔不绝。在得知他因为蜀锦背上债务，问起他早该颐养天年，为何如此奔波时，胡光俊停顿了许久，然后语重心长地说："蜀锦这一历代织锦艺人用汗水、智慧创造的艺术经典，对国家的经济发展与世界经济文化交流做出过重大贡献的文化艺术珍品不能在我们这一代断了。"在这朵奇葩濒临失传之际，许多有识之士都在大声疾呼"抢救、继承、发展蜀锦"。

　　这何尝不是"濯锦工匠"评选活动的初衷？我们得思考给世界和后人留下什么样的遗产，那绝对不是金钱和名利。让每一位工匠都有一种归属感，让匠人和作品被看见，让匠人的声音被听见，让传承成为潮流。就是这样的初衷使胡光俊愿意加入，并将他团队之一的刘荣璋老师推荐参与了第三届"濯锦工匠"评选，这也是我们有幸认识的第二位蜀锦工匠。

从与胡光俊的交流学习中得知"锦"与"绣"的区别，前者是用织机织就，后者是用绣花针绣成。

既然蜀锦是织就的，不言而喻，设备就很重要了。

蜀锦需要机械化、程序化作业，并讲究团队协作。被誉为"汉代计算机"的提花机，就诞生于2 000多年前的成都。2012年7月，成都北郊老官山汉墓出土织机模型，如今复原展出后是成都博物馆馆藏国宝。

胡光俊同刘荣璋虽然都是蜀锦匠人，但他们与蜀锦的缘分开始并不相同，当然他们从事的蜀锦的工种也有所不同。

蜀锦生产制作工艺流程由四部分组成：

纹织工艺设计、装造设计工艺、丝织准备工艺、丝织品上机织造。

蜀锦纹织工艺设计要求：将图案和色彩转换（行话称为编结）成可用程序控制的提花织造工艺语言——花本，然后将花本过到花楼织机上要提花的纤绳中（称为过花或

刘荣璋　胡光俊
蜀锦文化需要抢救性保护

上花、接花本）。刘荣璋正好从事蜀锦的这道程序。

刘荣璋1946年5月2日出生在成都，1963年毕业于成都美术学校，被分配到成都蜀锦厂从事蜀锦纹样设计。设计中心主任何世荣成为他的师父，耐心细致地教导他，他这一做就是56年。

刘荣璋小时候就对画画抱有莫大的兴趣，以至于家里墙上到处都是他的"画作"。为此，刘荣璋小时候没少挨他父亲打——父亲其实并不反对他画画，但是父亲认为做任何事全凭自己的兴趣喜好去做是不行的，要分场合。中学时代的刘荣璋因画画这一兴趣，还成了当时的学校名人。学校所有的海报、板报、墙报都是出自刘荣璋之手。中学毕业刘荣璋听取了美术老师的意见，报考了中央美院附中，以素描创作90分的成绩成功考上，但由于出身背景问题，最终没能去报到，只好前往成都美术学院就读。

刚开始到蜀锦厂时，刘荣璋怀着满腔热血，想着是时候利用自己画画的天赋了。但是厂里并没有因为刘荣璋是美术学院毕业的高才生，就让他直接成为他想象中的蜀锦设计师，反而把刘荣璋扔去了车间，让他从做一名普通的学徒开始。既来之，则安之，虽然一线的工作是繁重而辛苦的，但能更了解蜀锦的纺织工艺，对于未来的设计工作有着很大的帮助。

在基层辛苦工作了几年之后，爱画画的刘荣璋最终还是被调去做了蜀锦设计师，从此开始了他几十年如一日的

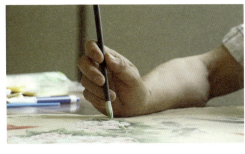

蜀锦设计生涯。刘荣璋先后担任蜀锦设计室主任、蜀锦研究所所长等重要职位。

作为一名蜀锦设计师，刘荣璋取得的成绩无疑是令人骄傲的。在蜀江锦院工作的三年里，蜀江锦院70%的蜀锦设计都是由刘荣璋完成的，后来他还在成都蜀锦工艺品厂承担了约80%的设计任务，现如今古蜀蜀锦研究所90%以上的设计工作都是刘荣璋亲自完成的。

这几十年里，刘荣璋的获奖作品不胜枚举，获得的各类奖项更是不计其数。取得如此骄人成绩的刘荣璋却给人一种闲适恬淡、不慕名利的感觉。

若是爱慕虚荣，刘荣璋可能早就前往成都市诗书画院任职了。刘荣璋很多同学都在那里，现如今大多是响当当的绘画大师，在国内外都享有盛名。相较于受限颇多的工艺美术，自由自在地创作对一个热爱画画的美术工作者来说，无疑是巨大的诱惑。对此，刘荣璋只说了一句让人记忆犹新的话："人要懂得感恩。"

蜀锦多用染色的熟丝线织成，用经线起花，运用彩条起彩或彩条添花，用几何图案组织和纹饰相结合的方法织成，上面呈现出神话传说、占卜铭文、花鸟禽兽等精美图案。一直以来，蜀锦都以其传神的构图、精妙的绣工在一尺见方的绣布上寄托着人们的美好愿景。

蜀锦之美，在于它厚重的文化艺术内涵和独特的工艺技艺。要完成一件精美的蜀锦作品，需经历纹织设计、提花机组装、提花装造、经纬准备、织机安装和织造等多种工序。在刘荣璋纹织设计完成后，还需要胡光俊完成提花装造的程序。蜀锦的织造不是由一个人完成，而其中最懂得刘荣璋技艺的非胡光俊莫属了。

胡光俊1949年7月19日出生在成都，小小年纪便不断迁徙，不足一岁就随父母回到了老家乐山。他的母亲是一名乡村教师，全家跟着母亲的学校走，母亲换一所学校，他也换一所学校，仅小学就读了三个学校。1961年他再随母亲迁回成都，在过街楼小学读到毕业，然后进入了成都市二十四中，这才算是安定下来。

1966年，胡光俊初中毕业，原本的中考梦戛然而止。"文化大革命"期间，胡光俊到了西昌专区德昌县红旗公社红旗大队插队落户，这里距离成都有五六百公里之遥。此时的他，远离都市，山高水寒，触目皆是静寂加贫瘠。

在德昌县红旗公社插队两年零八个月之后，胡光俊被招工回到成都，直接进入成都市蜀锦厂当了一名工人，一干便是48年，此后便再也没有离开过蜀锦这门古老的技艺。

蜀锦是个匠活，而蜀锦的传承人则是匠人。胡光俊更喜欢称自己为"蜀锦人"。

胡光俊与同时招工进厂的青年工人一道，先是集中学习一个月，内容以政治、安全生产与劳动纪律为主，之后再下到车间学习操作。从最初只是单纯的提花装造，到后来每道蜀锦织造工序的谙熟于心，胡光俊拜了很多位师傅，看了很多书，也走了很远的路。

装造，最早的行话叫"打攘子"，也叫"穿吊"，是蜀锦的一个总其成的工种，特别繁杂。它要把此前所做的设计和纹样通过连接表现出来，譬如麻通丝要下料，下了料以后要挽把，挽了把以后要捻把，捻了把以后要烫蜡。

烫蜡是本工种里的一道工序，只是烫表皮，之后还要高温蒸透才能融化到丝线里去。再要准备扁带线，通过单把吊、双把吊，把综丝拴在里面。

从资料中查阅到，"锦"是丝织物14大类（绒、绸、绡、绉、纺、锦、缎、绨、葛、呢、纱、罗、绫、绢）中的一类。胡光俊说，还应该加上"绮"，共15大类。

锦是负有盛名的提花绸，古有"织采如文，其价如金"之说。

在我国众多的锦中，最为著名的有云锦、壮锦、蜀锦和宋锦，合称"四大名锦"。云锦乃南京传统提花丝织物的总称，其历史可追溯到宋朝在南京设立的官营织造——锦署，以其华贵、多彩灿烂、变换如云霞而得名。壮锦是广西壮族自治区传统的著名丝织物，产生于宋代，在宋代，壮族被称为僮族，故壮锦又称僮锦。蜀锦出自四川成都。宋锦有两种含义：一是指宋代由官府锦院主持生产的织锦，二是指明清时期由苏州织造府主持生产的宋式锦。现代宋锦主要产于杭州、湖州、苏州等地。

对于蜀锦，胡光俊也有自己的理解：

蜀锦是指四川成都所出产的锦类丝织品，以桑蚕丝作为主要原料，常以多重彩经或采纬起花的色织提花锦类织物，故蜀锦又分为经锦和纬锦。

经锦：以三组及以上染色桑蚕丝作经线，一组或两组染色桑蚕丝或其他染色纤维作纬线，采用多重经组织，以经线显花，经向采条添花的色织提花锦类丝织物。

纬锦：以一组及以上染色桑蚕丝作经线，三组及以上

刘荣璋　胡光俊——
蜀锦文化需要抢救性保护

染色桑蚕丝、染色粘胶长丝或其他染色纤维作纬线，采用多重纬组织，以纬显花或经纬均显花的色织提花锦类丝织物。

1953年后，开展了对手工业的社会主义改造，将织锦作坊和个体机房户进行合并，建立合作联社，并于1956年成立成都蜀锦厂。为适应不断扩大的市场需求，作为生产蜀锦的工具——木质花楼织机，以人工作为动力，只能生产窄幅的四方连续的织锦，而不能生产宽幅和大花图样的织物，产量也跟不上越来越大的需求，因此技术改革势在必行。20世纪60年代初，成都蜀锦厂的艺人们和工程技术人员掀起了轰轰烈烈的技术改造高潮，在保留了蜀锦传统技艺的基础上革新了织机，使用电动马达集体传动的铁木织机织出了原汁原味的蜀锦产品。70年代中期，全铁织机全部代替了铁木织机。80年代蜀锦产品远销海外，是成都市轻纺行业的创汇大户，时有织锦机505台，职工2 800多人，年产值上亿元。

2003年，成都蜀锦厂在经济体制改革的大潮中被成都蜀锦织绣有限公司兼并，成都蜀锦厂的工程技术人员和职工全部解散。

2008年，胡光俊、刘荣璋与原成都蜀锦厂部分失业人员又再一次聚在一起，分别组建了成都蜀锦工艺品厂和成都古蜀蜀锦研究所。集保护、研究、传承和开发生产、销售蜀锦产品为一体，注册了"浣花古蜀锦织造"商标。胡光俊担任了成都古蜀蜀锦研究所（厂所合一）所长兼厂长。本可退休在家颐养天年、享受天伦之乐，胡光俊却依然和单位的年轻人挤在狭窄的工人宿舍里，同吃同住，只为心中那份坚守、那份传承……

十几年来，胡光俊、刘荣璋同成都古蜀蜀锦研究所艰难地走过来，但也只能解决他们的温饱，由于收入较低，蜀锦织造技艺工种工序繁多，学习这门技艺又苦又累、又枯燥，现在很多年轻人都不愿意学习这门技艺。从胡光俊接手成都古蜀蜀锦研究所以来，文案、销售、技术指导，什么都得他亲力亲为。缺人，几乎是一直以来都攻不破的难题。开发创新、宣传包装、销售，每一块都需要有人来做，可现在很少有人愿意选择这一行。有人曾坚持几个月，也有人曾坚持几天，最后，他们都放弃了。

胡光俊无奈地说："学习蜀锦耗时极长，而且略显枯燥。如此这一技艺可能有面临失传的风险。但我还是会继续坚持下去，因为这是对文化的一种担当，也是对非物质文化遗产的保护和传承。"

蜀锦在2006年被列入国家首批非物质文化遗产名录，2009年被列入联合国教科文组织审议批准的人类非物质文化遗产代表作名录。蜀锦这一"人类最早机械化作业的技艺"列入非物质文化遗产，曾有教授提出质疑——认为"非物质文化"就是区分了手工和机械，非物质文化遗产是不用工具制作的，蜀锦是机子织成的，列入非物质文化遗产不大妥当。

胡光俊对"蜀锦列入非物质文化遗产不大妥"这一说法非常不赞成，认为该专家看法非常片面，他举例："原始人类为了生存，和大自然做斗争，他不可能赤手空拳和

野兽搏斗，手里要有木棒和石头，木棒和石头是什么？是工具。又比如有一种糖画，要熬糖，要用到锅子、勺子，你不能用手直接去抓滚烫的糖稀去作画吧？木棒、石头、锅子、勺子、绣花针……这些不都是工具吗？绣花以前用骨针，后来用钢针，这些针、绣花绷子，都是工具，没有这些工具，你用手指去丝绸上穿洞吗？工具有简单和复杂之分，工具也在不断进化，但技艺在头脑里，这个变不了。织机只是一种劳动工具，各种技艺都要借助一定的工具去实现它，工具有简单和复杂、落后和先进之分，而技艺是劳动者、匠人在长期实践中摸索总结出来的经验。"

根据联合国教科文组织的《保护非物质文化遗产公约》定义："非物质文化遗产指被各群体、团体、有时为个人所视为其文化遗产的各种实践、表演、表现形式、知识体系和技能及其有关的工具、实物、工艺品和文化场所。"此定义是较为宽泛的。所以，胡光俊认为蜀锦被列入非物质文化遗产是完全没有问题的。

两米多长的丝绸上，用五彩斑斓的蚕丝线交织而成的蜿蜒崎岖的古道、古道旁的人家、沿途零星的亭台楼阁、驮着商品的马队、牵引马队的商人，商队从有着"锦官城"（今成都）牌匾的城楼出发，一直走到身毒（古国名，一般认为在北印度）为止。层峦叠嶂的山峰贯穿整幅丝绸，沿途有一座火山，从火山口升腾而起的一股烟雾似的缥缈仙气漂浮在山峦前，云蒸霞蔚，神秘绮丽。仅用绣针和蚕线，看似简单的穿线、拉线之间，全长7 000公里的

"南方丝绸之路"就呈现在了一张两米多长的丝织品上。据刘俊芳老师的回忆，这是她对蜀绣最初的印象。

　　刘俊芳老师是蜀绣手工艺第三代传承人。从小她就看见家里摆放着各种图案的传统蜀绣手工艺品，如气势磅礴的山水景、悠然静谧的小桥人家、雍容华贵的芙蓉花、自由自在的鸟兽、优哉游哉的鱼群……这些艺术品都是出自她母亲之手。家门前有个小院子，她每天出门上学时母亲就坐在了院子里低头刺绣。放学回到家，母亲仍然坐在院子里，见她回来了，抬头对她露出慈爱的微笑。针线在母亲的牵引下上下穿梭于绘有图案的丝绸上，母亲刺绣的样子总是娴静自得。到了八九岁的时候，父亲建议她也开始学习蜀绣，加之她对蜀绣确实产生了兴趣，于是很快就答应了。最困难的是针法练习，枯燥的基本功训练磨掉了刘俊芳对蜀绣的所有兴趣，十五六岁正值青春期，刘俊芳进入了人生最叛逆的时期。除了上学，其余时间刘俊芳就被父母要求待在家中练习刺绣。有时，学校里的朋友来找她玩耍，他们却一一被她父母拒之门外。她强忍着内心的哀怨，望向窗外朋友们热闹离去的背影，眼泪浸湿了双眼。她低头盯着被她紧捏在指尖的绣针以及指尖上被绣针刺伤

针线下的传统工艺品

刘俊芳

留下的浅疤。她发泄了出来，在父母面前，倾注愤恨的剪子将刺绣物剪得支离破碎！父亲愣了几秒，他立刻冲向小院子，回来时手中已拿着竹片。他当着刘俊芳的面，把手掌宽的竹片剪成了细竹条，被剪散的竹条没有一刻迟疑地落在了刘俊芳的身上，一下又一下。刘俊芳并没有因为被父亲狠狠教训就放弃了蜀绣，她忍耐住内心的枯燥感，慢慢地，绣针在她的手中运走得更加流畅，绣品在她的手中展现得更加灵动。

如今，刘俊芳工作的店面前的右方，摆放着撑起丝绸的架子，平日她就坐在支架后做着手工刺绣。丝绸上展现出只完成了一部分的"芙蓉鲤鱼"绣品。刘俊芳坐在位置上，左手拿起绣针，右手放在丝绸下方，双手配合之间，绣针和蚕线在印有图案的丝绸上翩翩起舞。橘红的锦鲤尾部用铺针、掺针和撒针精密配合，达到颜色由深至浅的渐变效果。她正在绣的鱼身部位，用使用最广泛的晕针针法来表现闪闪发光的鱼鳞。刘俊芳讲道，刺绣与绣者当下的心情息息相关，对于她来说，绣鲤鱼鱼头的时候最能看出她当下的情绪，心情好的时候她绣出的鱼嘴最接近活物，而心情不好的时候绣出的鱼嘴比较尖锐。

刘俊芳老师的技艺真正稳定纯熟的时期是在三十岁之后，绣品色泽是最显著的证明。之前她还无法精准把握绣品光泽度，有些时候绣出的作品就如电脑刺绣（用仿蚕丝制作）一样毫无生气，后来针法运用得娴熟了，绣品才真的色泽精美、生灵活现。蜀绣丰富的针法中，属"双面异彩"针法最为独特。刘俊芳在丝绸上画了一个小小的实心圆点，用黑灰两色蚕丝穿针，上为绣针带黑线，下为绣针带灰线。双手灵活配合，采用钩针针法，勾、拉、扯间，正面黑色、背面灰色实心圆点的双面异色图案演示便完成。"双面异彩"蜀绣工艺品会被硬裱在可旋转玻璃框内部，刘俊芳蜀绣店里就陈列了一幅名为《富贵有余》的绣品。绣品正反两面有着形状、颜色相同的芙蓉花和一条橘红色鲤鱼，这幅作品的亮点就在最底部的锦鲤，正面为橘红色，而反面则是黑色，体现了中国蜀绣品别具一格的一面。

　　最开始，刘俊芳与其他蜀绣手工艺人一样从事传统绣品绣制，但是因为一个人的建议而改变了她绣制方向。几年前的下午，一位仪表堂堂的中年男子走进了刘俊芳的绣品店面。刘俊芳与他几经交谈之后，得知他想买件手工艺

品赠予从国外学成归国的女儿。他看着店里古韵十足的蜀绣制品，每件绣品都精妙绝伦，价格自然不菲，只有真正喜欢传统非物质文化遗产的人才会花费重金购买，似乎太小众化了。他问："买您绣品的人多吗？"刘俊芳回答："其实不多，大多数人都仅限于看一下，买的人其实很少。"他说："因为我女儿在国外留学，她跟我说外国人特别喜欢中国传统手工艺。您为何不考虑制作一些蜀绣实用工艺品，而不仅仅是传统艺术品呢？"那位男子的话让刘俊芳醍醐灌顶，从此她开始关注国外手工艺品特点，并改造传统刺绣品，让中国传统蜀绣远销海外。中国传统蜀绣艺术品的裱框是用方形或圆形的漆木制成，裱框采用经典中式花纹，刘俊芳把精致复杂的中式裱框改成了简易大方的西式木框，国外市场反应良好。最近，她创作了多层饰品盒。饰品盒外观采用棕色漆木，第一格被分成许多小格用于装戒指、耳饰等小件品；二、三、四格，每格被分为两部分用于装首饰、项链等大件品；盒盖上是中国蜀绣传统图案鲤鱼。除此以外，刘俊芳还潜心研究怎样将蜀绣技艺用于服饰、女式高跟鞋、床上用品等。她创作的蜀绣品深受国内外人民的喜爱。

李常斌

"食品雕刻是一门美化宴席、陪衬菜肴、烘托气氛、增进友谊的造型艺术,不论是国宴,还是家庭喜庆宴席,都能显示出其艺术的生命力和感染力,使人们在得到物质享受的同时,也能得到艺术享受。"成都食品雕刻师李常斌凭借独特的食品雕刻技艺,频频获奖。李常斌表示:"我想通过自己的努力,把食品雕刻这门技艺传承下去,让更多人了解到在美食之都成都,川菜的魅力不仅仅在味道。"

一个山芋通过5分钟的雕琢,便可成为一只活灵活现的鸟。生活中用来食用的水果蔬菜，在成都90后小伙子李常斌的手里，都能变成一件件精美的食品雕刻作品。

食品雕刻是运用特种刀具刀法，将各种动植物食品原料雕刻成平面或立体的花卉、鸟兽、山水、鱼虫等形象的一门技艺。食品雕刻是我国的一项传统技艺，是悠久的中华饮食文化孕育的一颗璀璨明珠，其历史源远流长。但食品雕刻不同于木雕、玉雕、牙雕等其他雕刻，它不单纯是工艺品，也不是孤立地供人观赏，而是与菜肴结合起来，让人们在观赏的同时食用，给人以美的艺术享受，为宴席增添光彩和情趣。

目前，食品雕刻可分为可食型雕刻和展示型雕刻。其中可食型雕刻在现实生活中，不仅仅只是具有食用和观赏的功能，还能起到意想不到的作用。比如，现在的一些小孩子不喜欢吃水果，"我们就可以通过食品雕刻技艺，把水果雕刻成小孩子喜欢的动物形象，这样一来，就会让他主动吃水果了。"李常斌说，"能帮助别人，我觉得食品雕刻的意义就更不一般了。"

据李常斌介绍，最早食品雕刻的方法是按照既定步骤来进行的，最关键的一点就是根据原材料的形状来雕刻。

李常斌说："我在学习过程中就发现这种方法有一定的局限性，所以我就在掌握食品雕刻技艺后，又学习其他的雕刻门类，比如雕塑、木雕、玉雕等，然后我把这几种雕刻方法综合起来，改进了传统的方法，从而形成了自己的食品雕刻技艺。现在我的雕刻方法大致是，先设计图纸，找到需要雕刻物品的体积，不受原材料限制，运用粘接方式即可完成。比如我们常见的南瓜，通过我的雕刻技艺，可以做成一两米高的成品。再比如一根萝卜是弯的，以前我就只能随着形状雕刻，但现在，我可以把材料切割成不同的部分，先画再雕，通过零雕整组来达到最理想的效果。"

李常斌自幼喜爱绘画、雕刻。在上中学的时候，李常斌参加了一次寿宴，在宴席上就有一道寿星头的雕刻摆盘。从那一刻起，李常斌就对食品雕刻产生了好奇和兴趣。接下来，他就每天与萝卜、南瓜、芋头、青笋等打上了交道。在得知烹饪专业中有冷拼雕刻这门技艺后，2006年，初中毕业的李常斌进入了成都市财贸职业高级中学校学习。在学习期间，李常斌的天赋被老师完全发掘出来了。在老师的指导下，通过兴趣加上刻苦练习，李常斌的冷拼雕刻手艺日渐精进。

多年以后，李常斌回忆起当年的学习经历，仍心怀感慨："最初学习食品雕刻，并不被父母看好，认为我毕业出来充其量就是一个厨师。于是，我只有通过不断的努力，不断地做出成绩来证明自己。有一年放寒假，整整20多天我都没有出过家门，我就关在房间里，每天一醒来就开始用白萝卜练习雕刻技艺，直到夜深人静。后来粗略估计了一下，那20多天我用掉了100多公斤白萝卜，握白

萝卜的左手被刻刀划伤200多道口子,而且长满了湿疹和水泡。"艰苦的学习,换来的是李常斌雕刻技艺的突飞猛进,他现在能够在一根白萝卜上雕刻出近10朵花来。

2008年6月,李常斌代表学校、代表四川省在天津的全国技能大赛中,果蔬雕和中餐冷拼两个雕刻技能双双获得金牌,面对如此殊荣李常斌却谦虚地说:"其实我能去参加比赛并获奖,我自己都觉得很意外。"

原来,当时李常斌正读高二,学校的参赛名额只有2个。学校决定在全校进行海选后再来决定参赛人员,李常斌抱着学习的态度参加了训练。由于学校高三的二三十位学长们的雕刻技艺都很好,李常斌决定不走寻常路。"其他同学都是在自己已经学会的领域不断加强训练,但我却要求老师教自己不会的领域,而且还不断地调换雕刻品种。我就想通过这次训练多学一些技艺,至于是否参赛,我没有考虑太多。"李常斌说。虽然不是天赋最高的学生,但李常斌绝对是最刻苦的那个学生。最后,李常斌在海选赛中成功胜出。

李常斌在学校期间一直获奖不断。2008年9月,他参加由四川省饭店与餐饮娱乐行业协会举办的"温江全席美食旅游节"食品雕刻比赛，他的作品《天降祥瑞》获金奖。2009年3月，他参加成都市中等职业学校技能大赛，在"烹饪果蔬雕刻"技能竞赛中荣获一等奖。

2009年6月，李常斌被成都市财贸职业高级中学校破格以特殊人才留校，授聘为专业教师。2012年5月，李常斌在四川省首届川菜创新技术大赛中又获果蔬雕刻项目金奖。2017年6月，李常斌带领学生在云南参加首届世界青年烹饪艺术节，他们的作品《大美四川 七彩云南》荣获艺术展台金奖。2019年4月，李常斌荣获成都市锦江区第三届"濯锦工匠·十佳工匠"称号。

在这些荣誉的背后，是李常斌精益求精的学习态度。虽然获奖无数，但李常斌觉得自己还没有完全掌握到食品雕刻的精髓，于是，他又遍寻名师，最终在雕塑家、国家一级美术师沈允庆那里继续学习雕塑。

掌握了雕塑技巧的李常斌觉得，自己应该在食品雕刻上有更大的突破。李常斌表示："每次雕刻，我都想做到最好。当看到每次雕刻出来的作品都比上一次更好的时候，我就觉得很有成就感。只有静下心不停地去研究、去琢磨，才能让雕刻技艺有进一步的提升。记得有一次做一只鸟的翅膀，因为普通材料无法立体呈现效果，于是我多次试验寻找新的材料。经过一个多月的研究，我发现用螃蟹的壳可以达到我所想要的效果。但这螃蟹壳的成型也是一波三折。最开始我把螃蟹壳油炸后用剪刀来处理成自己想要的形状，但没想到这油炸后的螃蟹壳很脆，无法保证其完整性。后来我终于想到了一个办法：用白醋先将螃蟹壳泡软，然后成型，最后再把螃蟹壳放在白水里泡，使其变硬，就这样我终于攻克了难关。"

对于食品雕刻的初学者，李常斌表示，只要坚持不懈、持之以恒，就会顺利度过入门阶段这一困难期。从未接触过食品雕刻的人，他在学习刻第一个作品的时候会觉得很吃力，手不听使唤，下刀没准，这就是所谓的入门阶段的困难期。这个时候，一定要坚持练下去。当第一个作品制作成功后，就会建立起良好的自信心，同时也会对食品雕刻有了更深一层的认识，诸如双手力度的大小、原料的性质、运刀的感觉等。

对自小浸润在巴蜀文化里的李常斌而言，将自己的雕刻技艺与四川文化元素结合起来的想法由来已久。前述提到的《大美四川 七彩云南》作品，便是李常斌的一次大胆

尝试。在《大美四川 七彩云南》里，有凤凰、孔雀、大熊猫等标志性文化元素。比如，凤凰和孔雀代表的是彩云之南，而大熊猫代表的是四川。李常斌说："其实，在四川，很多的元素都是我的创作源泉和灵感。接下来，我会在'三九大'，即三星堆、九寨沟、大熊猫等方面下功夫，让更多人知晓并爱上四川文化。同时，我也想通过自己的努力，把食品雕刻这门技艺传承下去。"

刘程

让文化传承成为一种习惯

　　近年来，文物文创产品所具有的融合生活场景与文物记忆的作用日益受到重视。但文物文创产品在开发之初，大都以冰箱贴、手机链、T恤等形式呈现。基于文物资源的外形进行简单的复制加工，难免陷入千篇一律的窠臼。如何寻找不一样的创意点？物语工业设计公司创始人刘程就表示，只有跳出"某一件具体文物"的局限，然后去寻找在文物外观造型这类物理属性之外的创意开发空间，从时代背景、地域文化、审美情趣等角度去摸索内涵延伸的方

让文化传承成为一种习惯

刘程

式，才能让文物文创产品真正活起来，让文物文创产品也能进入到寻常百姓家。

为了让有质量、有品位、有价值的国宝文物"活"起来，让人们有机会深入了解它们所承载的人类文明发展成果，2019年4月，在"2019濯锦工匠周"启动仪式上，由"濯锦工匠"工匠代表刘程创作的首款馆藏文物形象授权的文化衍生作品正式发布。该文创作品一亮相，便引起了轰动。原来，这是依托成都博物馆的镇馆之宝"石犀牛"文化内涵的故事和形象所创作的一套茶具。

据刘程介绍，文物文创产品是博物馆馆藏文物的衍生品，也是博物馆馆藏文物历史文化信息的具象化体现。文物文创产品兼具实用性和观赏性，其成为如今人们赠送亲友、收藏使用的绝佳产品。刘程为什么会选择将馆藏文物用茶具这一载体来呈现呢？

刘程解释道："四川是世界茶文化的发源地，四川人自古以来就有喝茶、品茶的习惯。但是从另外一个角度来讲，我们还缺少带有四川文化明显特征的茶器，而成都博物馆的'石犀牛'恰恰就具有鲜明的四川文化。"

目前，成都博物馆的镇馆之宝"石犀牛"是否就是战国时期秦国蜀郡太守李冰所建造的五头石犀之一，还需进一步地考证，不过它肯定与李冰治水时建造的石犀牛是一个体系的，兼具水则（古代衡量水位的水尺）和镇水神兽的功能。"放在四川文化的历史长河来讲，'石犀牛'是非常重要的。所以，我就把'石犀牛'和四川的茶文化结合起来，故而就有了这一套很特别的茶具。"刘程说。

基于传承和发扬四川文化的初衷，刘程在茶器的设计上费尽了心思，每一个细节都考虑得十分周全。

首先是茶盖。"我们借鉴了'石犀牛'嘴部的髻头元素，把茶盖上面的提手用皮带的形式呈现。"刘程说，"同时，茶壶的器形也融入了天圆地方的概念。然后在茶壶的左右两侧，我们用黑胡桃木去搭配，这样在材质上就有瓷器和木质的一个鲜明对比，视觉上也更具冲击力。"

卷云纹是传统装饰纹样之一，起源于战国，秦时得到进一步发展，在"石犀牛"的下颌及前肢躯干部就雕刻有卷云纹。由此，刘程在黑胡桃木上雕刻了跟"石犀牛"同一时期的卷云纹。刘程表示："当我们要去给客人倒茶的时候，手握住茶壶的地方，刚好就是两侧黑胡桃木上面的卷云纹所处的位置，我就想通过这样的一个动作让人去感受、去体味几千年前的那段历史以及背后的故事。"

而茶杯的设计就更是令人叫绝。刘程解释道："茶杯的外形来源于'石犀牛'的四条腿，上方下圆，给人感觉是很稳固。茶杯最大的一个亮点就在于它的侧面有一条凹槽，是从杯口一直延伸到了杯底。这条凹槽的设计理念来自于李冰父子修建的都江堰，其将河水引流到成都平原，灌溉了天府之国，所以这河水就相当于是从源头一直流到了成都人的生活当中。而茶杯所设计的这条凹槽，第一个寓意就是一滴水从杯口流到杯底，有引流的理念在里面。第二个寓意就是人们在喝茶的时候，杯口往往会留有一些茶水，然后这茶水就顺着凹槽流到下方的托盘当中，所以也就有了一种灌溉的寓意。"

最后就是茶盘的设计了。整个茶盘是一个方形。那这个形状轮廓取自于哪里呢？据刘程介绍，这取自古代蜀国都城成都的城市轮廓。事实上，从高空鸟瞰成都，整个成都城的形状就像一只乌龟。

80后的刘程已经从事工业设计13年了。他有一个理想，就是打造一个纯粹的设计团队，用设计实力打出自己的品牌。很多人都不知道，刘程所在的物语工业设计被誉

为"成都设计圈里的最佳团队",已经连续多年获得素有工业设计界"奥斯卡"之称的红点奖。

在刘程的办公室摆放着一个展览柜,里面摆放着该公司部分已经推出的产品和诸多获奖证书。据刘程介绍,2016年红点奖的获奖作品其设计是对现有"羊眼螺钉"的改良。作为建筑装饰中一种常用的五金配件,羊眼螺钉因顶端有一个圆环而得名。刘程的改良就是在圆环的顶部开了一个小孔,在拧紧的时候供螺丝刀操作。虽然设计一点都不复杂,但常人却不会想到这一点,这就是设计者独具匠心之处。刘程说:"我的灵感来自于平时拧螺钉的时候,发现羊眼螺钉不太好拧,够不上力。过去只有用螺丝刀插入圆环,拧的时候容易倾斜。而在圆环顶端开了孔之后,螺丝刀有了稳定的着力点,拧紧的过程就像拧普通螺钉一样方便了。"

对于自己与工业设计的结缘,刘程直言是"机缘巧合"。在高考结束后,刘程报考的是成都工业学院,但最开始并没有想过自己要读工业设计专业。谁知道到学校之后,刘程被调配到了工艺设计专业。后来,刘程也慢慢地喜欢上了这个专业。

在当前的工业设计过程中，设计思想与设计理念的来源极为广泛，按照不同的地域文化特色形成的多种文化元素为设计工作提供了丰富的素材。设计师通过对素材的解构、重组、创新，创造出了多种设计风格和流派。就刘程而言，能够在四川从事工业设计工作，简直是"最大的福报"。因为四川的文化元素有很多，而且很多还具有唯一性。比如古蜀文明三星堆、童话世界九寨沟、国宝大熊猫，就是四川最具代表性的三张名片。这些元素在刘程的作品中多有体现。不仅如此，它们还直接为刘程的设计创新提供了很多的思路。

对于未来，刘程最大的希望就是让文化更好地融入当代生活："创意设计是文化产业中重要的领域，在提升城市经济的层级、提高工业产品的附加价值方面十分重要。同时，设计的文化产品又是最为贴近人们的生活，并带有文化元素的实用品，与人们生活最密切相关。因此，我觉得工业产品的设计要以人们需求为基本导向，把文化融入设计中，从如何吸引人们目光，如何引起人们的情感共鸣方面着手，从而让传统文化'活'起来。"

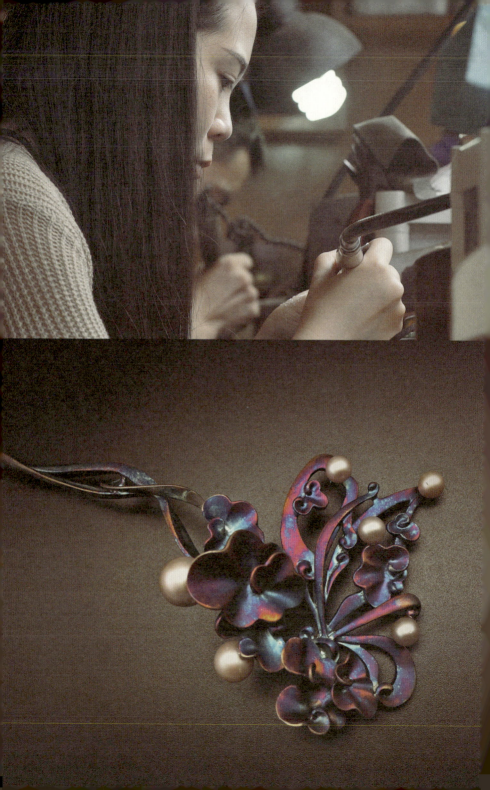

张凤娇

　　珠宝，作为人类对永恒之美的研究产物，是见证艺术的载体。"如今，珠宝不仅是饰品，更是人们追求高价值生活的体现。我的珠宝设计理念融入了时间、情感，还有灵魂。只有这样，珠宝所蕴含的味道才能释放出来。当你的作品不冰冷，那么使用的人就能从中感受到温度。"这是90后张凤娇，一位和珠宝首饰打了近10年交道的珠宝工匠，对于珠宝设计的独特理解和感悟。

　　2010年，有着深厚美术功底的张凤娇进入成都某学校的珠宝设计工艺及鉴定专业进行系统学习，并在毕业后进入到一家珠宝公司实习。当时做的是珠宝鉴定工作，但这完全不是张凤娇想要的，她希望在珠宝原创设计这一方面做出成绩。于是，在实习结束之后张凤娇就直接去了一家做原创首饰的公司。因为对各种珠宝首饰在设计和颜色搭配方面有着自己独到的见解和审美，张凤娇很快便在公司中脱颖而出，并得到去广州最前沿的珠宝设计公司进行深入学习的机会。也就是从那时起，从事珠宝首饰行业，做一名勤勤恳恳的原创珠宝首饰工匠的想法在张凤娇心里就更加强烈了。在从事原创玉雕的工作一段时间后，张凤娇和合作伙伴开了一家工作室，而现在，她拥有了自己的私人珠宝首饰定制工作室。一路走来，张凤娇都在不断地学习和积累，并用一件件作品说话，赢得了不少口碑，好评如潮。

但是，在看似一帆风顺的背后，却有着常人难以了解的付出和艰辛。张凤娇说："在设计原创过程中，一开始我就遇到了很多困难。因为刚刚开始的时候我是从学习手艺开始的，这对于一个女孩子而言相当吃力，而且对双手的磨损挺大。具体到设计的过程，有时候你在画图的时候可以想象到，但是在做的时候你不一定能够把它做出来。只有眼到、手到、心到，这样你的一件作品才能够完全被体现出来。这么多年来，我的一个最大瓶颈期出现在学习珠宝设计一年多的那段时间。因为所有的基础知识自己基本上都已经掌握了，然后就是提升的那个阶段，当中有很多地方、很多东西是需要去突破的。也就是在这突破的过程中，所面临的困难度是非常大的。这个时候对自己的考验是很大的，同样也是最容易让人放弃的时候。"尽管自己最初走上原创珠宝首饰设计之路遭遇了种种困境，张凤娇依然脚踏实地地坚持着、努力着。她表示："如果真正喜欢一个行业，再辛苦再累都会觉得快乐。"

忆起过往，张凤娇有太多的感悟："当年我去广州学习的时候就发现了一个问题。广东那边的珠宝公司有很多从事这一行的人至少都是有5年以上的工作经历，但他们基本上都是在生产线上工作。也就是说，设计师跟制作室是完全分开的，就算是有一些沟通，但也会存在一些思想上的差异。于是，就出现了一个奇怪的现象：很多作品的设计图跟后面的实物有着很大的区别的。这说明制作的成品没有能够完全表达出设计师的思想。因此，我就考虑，能不能将设计和制作合为一体。"其实,当年珠宝公司对张凤娇的培养目标也正是珠宝首饰的设计与制作,这让张凤娇如鱼得水。

几年前,张凤娇刚开始独立从事珠宝首饰原创设计制作的时候,原创这个概念才刚刚萌芽。张凤娇希望通过自己的努力,让更多的人接受原创的珠宝首饰。不过,在市场上有大量的国内外知名珠宝品牌,如何才能在激烈的竞争中让自己的原创品牌脱颖而出呢?对此,张凤娇有着自己的理解:"目前能够在市场上被广大消费者认可和接受的品牌,其实都是在设计工艺上独具特色、形象文化等比较成熟的品牌,它们带来竞争的同时也会拓宽消费者的眼界与对设计价值的认知。我觉得这对真正优秀的本土设计师品牌更有利,因为毕竟对于中国市场,我们有文化上和地域上的先天优势。"

事实上,长久以来,在珠宝首饰的设计中,中国文化的具体形式和内容都有淋漓尽致的体现。尤其在设计工艺方面,悠久灿烂的历史文化及社会文明为其提供了丰厚的元素和多样的创作灵感。"现在很多的珠宝首饰品牌所卖的其实就是文化。因为做工和材质等,大家基本都在

同一水平线。因此，我的原创设计这一块走的文化路线，具体到四川的本土文化元素，就有很多可取之处。比如成都的大熊猫、银杏、芙蓉花、太阳神鸟等，还有广汉的三星堆。不过，文化元素虽然很多，但目前在市场上的珠宝首饰里，真正去提取运用的还是特别的少，这很可惜。所以，接下来，我要更多地把四川文化融入我的作品里，并将其推广出去。"张凤娇说。

据张凤娇介绍，对于珠宝首饰的设计灵感和构思，意象选取是最重要的环节，因为珠宝首饰要利用自身有限的展示空间去传承文化的内涵，同时这对于制作工艺的严苛程度也将提升到一定的标准。因此，张凤娇表示："我们的原创设计还有很长的路要走。我未来的想法是，让传统文化在当代焕发活力，让更多的人乐于接受、佩戴这些带有四川、中国文化印记的珠宝首饰，就是一种最好的传承。"

一件好的珠宝首饰艺术品，需要在珠宝首饰的设计上有所突破，有别于雷同的款式。2018年5月，在"2018年中国匠人大会交流展"上，张凤娇设计及参与制作的《守护者》系列作品，共5件入选"2018中国匠人大会交流展出作品之中国翡翠"。张凤娇坦言，这份殊荣来之不易。

因为时间的原因，从设计到制作出成品，张凤娇团队仅仅用了一个月。张凤娇说："按常理来说，这么短的时间里是不可能完成一套5件作品的。我的设计图是在一天之内完成的，第二天就马上开始制作。在这一个月的时间里，我们团队的每一个人每天几乎都要工作到凌晨。而且，作品里的每一个零部件，都是我们自己去市场上购买的。这一套作品所需要的材料种类有很多，比如贵金属、木料以及各种玉器，这其中包括了和田玉、南红玛瑙、翡翠等。在制作环节，我们也是全部纯手工，每一个零部件都是单独切磨。"

现在，随着3D打印技术的出现，使用这种新技术创作手工艺品，似乎也成了一种潮流。用3D打印制作珠宝首饰、雕塑、陶瓷胎体、装饰用具，甚至诸多非物质文化遗产技艺中所使用的传统道具等，已屡见不鲜。然而，张凤娇依然坚持纯手工工艺。

张凤娇表示："创作的过程，就像是创造一个生命一样，我始终是一种很愉悦的状态。"张凤娇以一件作品的整个流程来举例，"首先是珠宝元素的设计，这一块其实就相当于是打板、做样板。然后就是做模具了。目前，模具的制作有两种方式：一种是3D打印，另一种就是手工制作。当然，3D打印肯定是最简单的，但我觉得有很多东西是必须要去亲身感受的，尤其是在珠宝首饰里，要注入自己的思想和情感，然后再用自己的双手去表达出来。如果是机器制作的话，其产品或许有的地方特别标准，但会缺少温度。比如说我们要制作一朵芙蓉花，而花朵的生长是一个很自然的过程，如果直接通过机器用3D打印出来的话，那它在很多地方就会显得特别的生硬，这就是一朵没有生命的花。机器毕竟是冰冷的，而人的双手都是有温度的，做出来的产品同样也蕴含着温度。我就是想要让消费者佩戴着我的这些手工制作的珠宝首饰感受到温度，感受到幸福。这就是我的初心，也是我的幸福。"

陈启林

　　在大多数四川人的脑海里，糖画是儿时抹不去的甜蜜记忆。糖画，顾名思义，就是以糖做成的画，它亦糖亦画，可观可食，民间俗称"倒糖人儿""倒糖饼儿"或"糖灯影儿"，广泛流行于巴蜀地区。

　　2008年，成都糖画被正式列为第二批国家级非物质文化遗产名录。为了更好地将糖画这一非物质文化传承下去，成都市精选出了一批糖画传承人，陈启林便是其中一位。

　　糖画不仅是美食，更是一门艺术，食之有味，观之若画。同样，观看糖画艺人用糖作画也是一件让人赏心悦目的事情。在糖画摊前，只见糖画艺人凝神运腕，在光洁如镜的大理石石板上或抖，或提，或顿，或放，时快时慢，时高时低，像极了手持毛笔随意挥洒的绘画大师。随着缕缕糖丝飘下，飞禽走兽、花鸟虫鱼便栩栩如生地呈现在眼前，尤其是那翻云滚雾的金龙和展翅欲飞的彩凤，不得不令人称奇。

陈启林从小就被这一"甜蜜"的艺术深深吸引，经常跑到糖画摊前观看糖画艺人作画。出自对糖画艺术的真心热爱，1983年，陈启林开始师从蔡树全，学习糖画艺术。

糖画看似简单，实则是一门高深的技艺。刚入"蔡门"的陈启林并没有真正接触糖画，而是从最基础的制作支糖画的竹签开始做起，然后是学习如何熬糖，最后才是跟随师傅学习用糖作画。

熬糖讲究的是用料和火候，好的糖稀制作出来的糖画颜色金黄清亮，味道清甜，不粘牙。在用料方面，陈启林从开始学习糖画起，一直使用师傅教授的传统配方，糖稀只用白糖和麦芽糖熬制，不添加其他任何杂质。这也是陈启林引以为傲的，因为只有好的原料才能做出让自己和客人都满意的糖画。

拜师一年后，陈启林才开始正式学习倒糖画。如果说熬糖是进入糖画艺术的一块敲门砖，那么入门后的陈启林发现，糖画的世界远比自己想象中的更加丰富多彩，同时也充满了各种挑战。糖画作为一门艺术，需要有一定的美术功底，这对于零基础的陈启林来说是第一道难关。为了弥补自己美术功底的不足，陈启林从素描开始，不断地反复练习。慢慢地，飞禽走兽、花鸟虫鱼、神话人物等图案在陈启林笔下变得栩栩如生。

用糖稀在大理石石板上作画与用笔在纸上作画又有着天壤之别。比如倒一个圆形的糖饼，看似简单，但却是最考验艺人的基本功。这种技艺要求艺人手腕灵活，动作利索，倾倒过程中直接形成一个个状如纽扣的小圆饼，中间绝不拖泥带水。陈启林学习制作糖画，就是从练习倒糖饼开始，当时师傅的要求是，一勺糖稀要倒出10个大小一致、形状圆滑的糖饼，这对于初学倒糖饼的陈启林来说并非易事。

在学习和绘制过程中，陈启林总结了画糖画的五大要素：一是要画得形象；二是线条要匀称；三是速度必须快；四是要一气呵成，绝对不能改笔；五是画完要掌握好等待的时间，用刀子把糖画"起"起来。

经过三年多踏实而刻苦的学习，师傅蔡树全送给陈启林一套糖画工具，表示他正式出师。至此，陈启林正式开启了自己的糖画生涯。在从事糖画事业的过程中，陈启林并没有停止学习的步伐，他在创作实践中触类旁通，不断吸取其他民间艺术手法丰富自己，勇于创新，逐渐形成个人的艺术风格及独特的创作方法。

在所有糖画作品中，陈启林最拿手，也最能代表其技艺水平的要数"糖龙"。在糖画摊前，总会摆上一两个转盘，转盘上绘有各种图案，轻轻转动箭头，箭头停在哪个图样，糖画艺人便做什么图样，然而在所有图案当中，转糖人最希望转到的就是"龙"，除了好看好吃外，还因为龙是咱们中华民族精神的象征。

在陈启林的铜勺下，"糖龙"不仅可以是平面的，而且还可以被做成几米甚至几十米长的立体长龙。

1988年，全国第二届烹饪技术比赛在北京举行，陈启林和师傅蔡树全受邀代表四川队参加比赛，当时他们决定做一条立体的"糖龙"作为"龙年大赛"的标志，这属于

一项创新技艺，有相当大的难度。经过反复研究、实验之后，陈启林和师傅合力制作了一条2米长的"糖龙"，这条"糖龙"当时在全国乃至全世界都是最长的一条。整条"糖龙"晶莹剔透，金灿灿纯然一色，仿佛眨眼间就能腾空而出。在"糖龙"的旁边还摆放了四个直径约0.33米的立体糖花篮，花篮里有几十朵用糖做成的各式花朵。这四个糖花篮也出自陈启林之手。首次制作如此大尺寸的立体糖花篮，当时对于陈启林来说是一个不小的挑战，因为花篮的尺寸完全超出了制作糖画的石板的尺寸，最后陈启林不得不通过拼接的形式将花篮完成。在这次比赛上，陈启林和师傅蔡树全的"糖龙"以及糖画这门艺术受到了现场领导和观众极大的关注和认可，这也让陈启林对糖画的前景充满了希望。

在这次比赛之后，"糖龙"成了陈启林的"金字招牌"。1989年，在成都原文化公园的二仙庵，陈启林和师傅蔡树全等糖画艺人创造性地将糖画和彩灯艺术巧妙地结合在一起，利用钢筋骨架造型，制作了一条长20米的"糖龙"，在展览期间，市民争相与"糖龙"合影留念。

此后，"糖龙"受邀到全国各地进行展览，展出的

"糖龙"基本都由陈启林来造型。经过陈启林主骨的"糖龙"中，最长的一条是在天津创作的，长达30多米。这条"糖龙"跟陈启林创作的"九龙壁"糖画的长度相当。"九龙壁"是由九条形态各异的龙组成，而这条单龙的长度就达到30米，看起来十分壮观。

如今，学习和传承糖画这门传统手艺的人越来越少，但是，陈启林却一直坚持过着"以铜勺为笔，以糖液作墨"的生活。对于陈启林来说，做糖画不仅仅是为了养家糊口，更重要的是想要把这一传统手艺继续传承下去。

张松

　　"玉不琢，不成器""如切如磋，如琢如磨"，在珠宝匠人看来，这些中国几千年的珠宝文化和技艺传承的精髓就是"工匠精神"所在。在一方小小的工作台上，珠宝匠人们雕刻、锤打、锯割、焊接、抛光、镶嵌……日复一日，将原材料加工成一件件精致的工艺品。

　　他是出生在大巴山的一个农村孩子，从小勤奋好学，在学校读书期间一直是班干部。由于家庭经济条件等原因，作为家中老大的他，刚读完高中便辍学外出务工，就是为了能给家庭减少负担，增加一些经济补贴，也是为了弟弟妹妹们能够继续完成自己的学业。通过多年的学习和努力，他现已成功地实现了自己的梦想，他就是80后珠宝工匠——张松。

张松的姨父是一名手工银匠师傅，受他的启发，张松很早就来到了广东学手艺。他先是跟着姨父学习银匠手艺，再到珠宝加工厂学习珠宝加工。说到学艺，真不能单用一个"苦"字来形容。刚开始张松总觉得自己笨手笨脚，心里想的跟手上做的总是不一致，不像师父做得行云流水一般流畅。当然，学艺过程中他也挨了师父不少骂。

仅有高中文凭的张松明白，只有靠一门过硬的手艺才能获得一份像样的职业，唯一的选择只能是把手艺学好。而要成为一名合格的手艺师傅，首先就得把每一个工艺、每一个步骤学会学精，不断地尝试，不断地钻研。

虽然学习过程十分艰苦，但他乐在其中。"珠宝加工涉及诸多工艺，如花丝镶嵌、鎏金、错金、錾刻、镂雕……接触得越多，我就越着迷。有时候觉得自己已经懂了，但研究之后又发现还有很多东西要学。只有真正去深入了解才会发现，原来我们的祖先留下了这么多好宝贝。"每当说起这些，张松总是暗暗感受到压力，并鞭策着自己更加努力，决不能有所懈怠。

学艺有成的张松，不久也迎来了属于自己的那份爱情。在老家的一次相亲中，张松遇到了现在的妻子，她也是一名珠宝镶嵌师，缘分让他们走到了一起。后来，他们一起在深圳从事珠宝设计定制工作。拥有共同理想的他们在2015年回到成都，通过多年在广东、上海学习和经营珠宝的经验，两人决定创立属于自己的品牌。经过对市场的再三考察，他们在成都市中心盐市口商圈的梨花街，也是西南最大的珠宝交易之地，成立了属于自己的工作室。

每天路过的人都会看到这样的一个年轻人和这样的一个画面：在自己的珠宝加工店一张小小的工作台上，张松正聚精会神地镶嵌一个玉石链坠。"珠宝镶嵌作为一门传统的手艺，工艺讲究，要求极高，一点也马虎不得。"说话时张松停下了手边的活儿。说起珠宝加工，在成都的许多业内都会提到张松，技术强、活儿好、有诚信，这是很多人对他的评价。这个口碑不是吹出来的，而是张松从业

多年"挣"出来的。

张松创立了自己的品牌——"大德祥"。开业以来，张松的技艺得到了周围许多人的认可，虽然只是一间小小的门店，但来店里的顾客络绎不绝，张松也越来越忙碌。"做珠宝加工，首先得喜欢这个行当。因为每天需要面对一些不会说话的金属，几个小时重复同一个动作。只有耐得住性子，才能以最佳状态精雕细琢出最好的作品。"张松说道。少言寡语的他把自己的全部精力都放在了工作中，只为将每一件珠宝首饰做细做好，然后保质保量地送到顾客手中。

与一般批量生产的珠宝首饰不同，张松主要进行珠宝定制。"珠宝首饰蕴含着人们对美好生活的向往。我

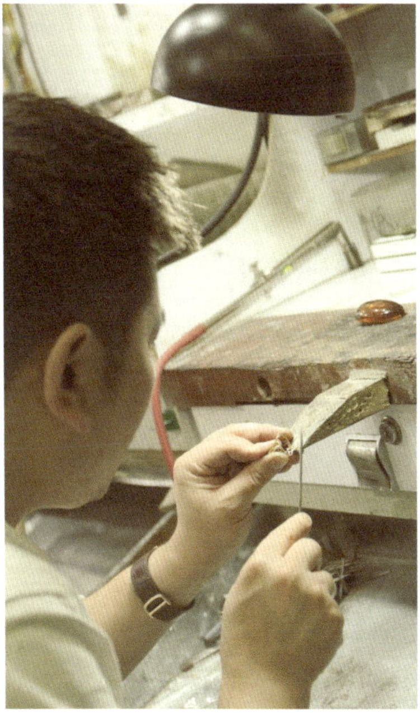

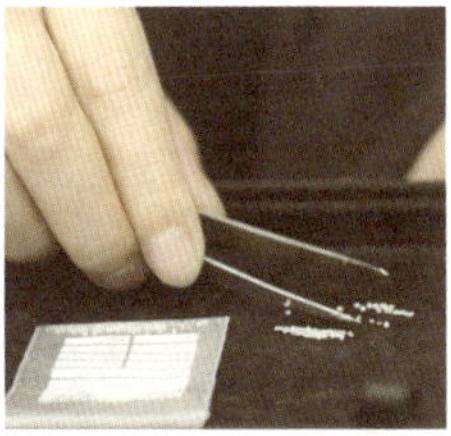

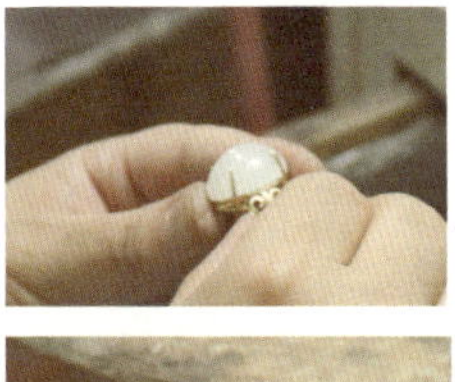

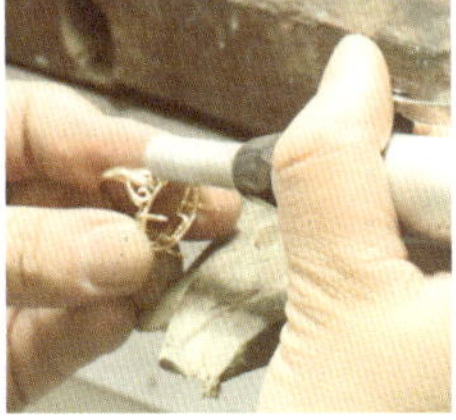

会根据顾客的需求和性格做有针对性的设计，首饰也会因此带上顾客本人的印记，这样做出来的东西也是独一无二的。"张松说。

在张松看来，不同的阶段自己有了不同的追求。如今，在追求利益的同时，他更多思考的是，要设计出怎样的一个饰品，才能完美地表达出客户的内心。

张松是一个和善、热心的人，他对待每一位顾客都像对待自己的家人和朋友。一次，一位60多岁的阿姨拿着一件自家的传家宝到张松店里维修，起初阿姨并不十分放心，她半信半疑地将东西交到张松手里，但经过张松修复后，传家宝恢复原样，让阿姨非常满意。当阿姨要付钱时，张松只是说了一句："举手之劳，不用付钱。"没想到过了几天，这位阿姨亲自送来两个大西瓜，这让张松十分感动，他也真正感受到这门手艺带给自己的价值和意义。

"回想起之前的那点苦都不算什么，做珠宝加工不是单纯为了利益，每一件用匠人之意加工出来的作品，也许就是见证他们一生爱情的物件，也许就是他们的传家宝。"说起自己的工作，张松充满了自信。

因为张松精湛的手艺、热情的服务，许多客人如今和

他已成了朋友，他们闲来也会在张松店里小聚，品茗、聊天，畅谈人生。张松也会以讲故事的方式来讲那些外人看似很专业的宝石分级、钻石挑选，等等。

张松就是这样一位兢兢业业的珠宝匠人，多年来，他凭借自己精湛的珠宝加工技艺赢得了业界口碑和客户信赖，用灵巧的双手努力实现自己的梦想，展现自身的价值。

陈述成

作为中国八大菜系之一的川菜一贯以"麻辣鲜香"著称，想要烹制最正宗的川菜，除了花椒与辣椒，最必不可少的作料就是豆瓣酱。色泽红润、味辣香醇、黏稠厚实的豆瓣酱，加入到菜中能提色增香、辣而不燥、回味醇厚悠长，被誉为"川菜之魂"。

令人惊奇的是，这味"川菜之魂"却并非四川本土人的发明，而是一位来自福建的异乡客陈逸仙发明的。他从千里之外的闽越之地走到天府之国，从此他乡作故乡。他和他的后人无意中发明的豆瓣,光耀了川菜文化。至今,家族的第六代传人陈述成及其儿子陈伟仍守护并传承着这份祖业。

明末清初,一场浩浩荡荡的移民运动席卷神州大地,这便是历史书中所称的"湖广填四川"。康熙年间,福建汀州府孝感乡翠亨村人陈逸仙,一路跋山涉水,迁入四川郫县。其后,陈家子孙繁衍,久居其地,人称陈家笆子门。

有一次,陈逸仙无意之中用晒干后的胡豆(即蚕豆)拌入辣椒和少量食盐,用来调味佐餐,不料竟香辣可口,令人胃口大开。他便将这些美味送给街坊四邻品尝,大家都赞不绝口。于是,陈逸仙受此启发,专心加工这种"辣子豆瓣"来售卖,这就是郫县豆瓣的雏形。

嘉庆八年(1803年),陈氏后人在郫县开设了一家"顺天号"酱园,开始大批量生产和销售辣子豆瓣,使其成为当地广受欢迎的佐餐佳品。

咸丰三年(1853年),陈家主人陈守信发现盐渍辣椒易出水,不宜保存,遂在祖辈的基础上潜心研究数年,先以豌豆加入盐渍辣椒吸水,效果不佳,再换成胡豆瓣,依然不佳，又借鉴豆腐乳发酵之法，加入面粉、豆瓣一起发酵，最终味道鲜辣无比，今日家喻户晓的郫县豆瓣就此诞生。

后来，陈守信又新开一家酱园，取自己名号益谦之"益"字，当时年号咸丰之"丰"字，以及天、地、人之"和"，定名为"益丰和"号酱园。直到今天，"益丰和"都被郫都区人奉为郫县豆瓣的鼻祖。

当然，创业之路并非一帆风顺。光绪三十一年（1905年），彭县老板弓鹿宾在郫县开设了一家"元丰源"号酱园，打破了"益丰和"独家经营的局面。由于竞争对手的出现，陈家后人一直不断调整配料、寻求创新。1931年，陈守信之孙陈文揆又在郫县开设"绍丰和"号酱园，自此，"益丰和""元丰源""绍丰和"三家酱园形成三足鼎立的局面。正是在不断地摸索与创新中，郫县豆瓣逐渐声名远播，"川菜之魂"的名号不胫而走。

20世纪40年代，陈家又一个儿子陈述成出生了。由于家族产业的特殊性，陈述成和大哥自小就是在豆瓣酱缸旁边长大的。

"晴天晒，雨天盖，白天翻，夜晚露"，这十二字箴言是陈家制作豆瓣的祖训，陈述成从学艺的那天起，就将这十二字箴言牢牢地记在了心里。于是，每天游走在豆瓣缸之间，翻搅豆瓣成为他的必修课。经过多年的豆瓣创作，陈述成练就了一双巧手，豆瓣佐料的搭配、翻搅的力度与时间，他都能掌握得分毫不差。

数年前，他正式成为陈家豆瓣技艺制作第六代传人，延续祖业、传承技艺的重担自然也落在了他的身上。

如今，他已经做了40多年的豆瓣，年近70的他依然坚持每天凌晨4点起床，去搅拌缸里的豆瓣生胚。因为每口缸每天要翻搅两次，而且只能选在早晨太阳出来之前和傍晚太阳落山之后，当太阳暴晒时，切忌翻搅。这样讲究的工艺也导致了陈述成日不出而作、日落也不歇的特殊工作时间。而且，为了保证翻搅均匀，即使在豆瓣已经大规模机械化生产的今天，陈述成依然选择手工翻搅，而不用机器，以保持最纯正的味道。

20世纪80年代以后，随着川菜的迅猛发展，餐饮行业和平常人家对郫县豆瓣的需求日益扩大，促使郫县豆瓣生产厂家大规模采取工业化生产，以提高产量。但是，传统工艺所生产的豆瓣依然具有优势，特别在火锅底料炒制、传统川菜烹饪方面，比未经发酵酿造工艺的机械化批量生

中华老字号
China Time-honored Brand

用匠心守护『川菜之魂』　陈述成——

121

产的红油豆瓣更胜一筹。

由于陈述成年事已高，加上手工生产豆瓣技艺耗时耗力，传承人的问题也亟待解决。因为在陈氏家族品牌发展的过程中，豆瓣市场竞争激烈，为防止对手偷学手艺，百年来，陈家一直有个严格的规定——豆瓣制作工艺"传男不传女"，这是为了防止女儿出嫁后工艺外传。

因此，作为陈述成唯一的儿子，陈伟几年前回家接手了豆瓣厂的生产管理，成为陈家豆瓣技艺制作第七代传人。每天早上，太阳还未出来时陈伟就会到生产区的晒场去，和工人一起把缸里的豆瓣翻搅一遍，祖辈传下来的工艺他早已烂熟于心。

陈伟从11岁起，就跟着父亲学习豆瓣制作的工艺。在陈家百年的发展中，其豆瓣制作原料很有讲究：用的盐是自贡岩盐，辣椒是牧马山的二荆条，胡豆是郫都区二流板的青皮大白胡豆，制作缸用的是仁寿陶缸。每一种原料都是在实践中确认过的最好的原料，假如换一种原料，做出的豆瓣就不是最好的。最让陈伟印象深刻的是，辣椒一定要剁成规定的长度，太长或太短都不行。

在陈家工厂的晒场上，3 000多口豆瓣酱缸密密麻麻地

摆成一片，其中最里面墙角的17口缸显得与众不同，它们已经有100多年的历史了。在战乱年代，这些缸都是埋在地下才得以保存下来的，如今已经成为"镇厂之宝"。而陈家的豆瓣制作技艺，也将在陈述成和陈伟父子手中继续传承下去。

张荣强

夹江年画起源于明代中期。作为西南地区独具特色的农民画，夹江年画经过长期的修改和提炼，集中体现了当地劳动人民的勤劳智慧，包含着广大人民群众对于和平、安康的追求和向往，是夹江传统文化产品中的瑰宝，具有十分珍贵的历史文化价值和艺术价值。

张荣强，夹江年画研究所负责人、国家级非物质文化遗产夹江年画传承人之一，他认为："我们的传统文化需要传承发展，而既然要传承，就要原汁原味地传承。"

四川省乐山市夹江年画研究所内,张荣强正手拿刻刀,沿着木板上描绘好的图案进行着雕刻,在他的手下,一块样式精致的刻板已经初现雏形。今年48岁的他从事夹江年画制作与传承已有10多年。一路走来,他见证了夹江年画近年来在当地政府和年画传承人的共同努力下,从曾一度濒临消失,到如今焕发新的光彩,被越来越多人了解、喜爱的发展历程。

夹江年画,至今有近500年的历史。清朝末年,夹江城区近郊大小年画作坊已有20多家,作坊工人一般在农闲时印制年画,年底出售,作品销往省内及云南、贵州等省,最远可销售至东南亚等地。

夹江年画根植于民间,却又不拘泥于现实生活,不受时间和空间限制,对表达的内容高度概括,集中了劳动人民的艺术才能和勤劳智慧,也凝结了劳动人民淳朴的思想感情和对美好生活的强烈愿望。经过岁月的洗礼,夹江年画逐渐形成了鲜明的艺术特点。

如今在夹江年画研究所内,可以看到各种内容、题材的年画,包括神像、门神、山水花鸟、戏曲人物、神话传说等。"在近500年的发展中,夹江年画表现的内容日益丰满。"据张荣强介绍，"不过，夹江年画也曾一度受到重创，濒临绝境。"在夹江年画发展最低谷时期，会做夹江年画的老艺人很少，制作技艺面临失传，而且没有年画印版和老画存世。

张荣强说："美术一直是我的兴趣爱好，从1992年起我就开始自己学习画画，但由于工作原因只能在业余时间练习。"谈及与夹江年画结缘的过程，张荣强表示，自己本就是夹江人，看着夹江年画逐渐没落，心中十分不忍。"机缘巧合之下，我结识了民间艺术家吴泽全老师，便与他一同成立了夹江年画研究所。"张荣强说。

事实上，从20世纪80年代开始，夹江县有关部门就对夹江年画陆续展开了抢救工作。1985年，夹江县成立了"夹江年画社"，许多夹江年画老艺人、画家重操旧业。2008年，夹江年画入选"国家级非物质文化遗产名录"。就在2008年，张荣强也正式走上了夹江年画的创作之路，并于2010年拜夹江年画老字号作坊"董大兴荣"的传人董贵中为师。张荣强说："当时夹江年画制作方法的传承出现了危机，我希望能够尽自己最大的努力让这项传统文化继续传承下去。"

在夹江年画研究所成立后，张荣强等手工艺人便对夹江年画的振兴开始了艰难的破冰之旅。当初，张荣强他们只是凭着一腔热血就开始了对夹江年画的研究，摆在他们面前的难题是几乎没有可利用的资源，没有夹江年画制作流程的文字记载，也没有会实际操作的师傅，甚至连照片都寥寥无几。他们先研究了大量的其他年画产地的资料，之后拜访了夹江县80多岁高龄的葛老先生、百合斋主人陈文祥先生等一些曾经从事过版画印刷的老师。张荣强回忆说："我们根据收集来的资料，绘制草图、反复推敲、多次修改，历时2个多月才找木匠做出了印刷年画的桌子——'断案'，接着就开始了印刷技术的摸索过程。"由于没有师傅的指导，而彩色套印这一技艺在这之前张荣强是一无所知，只能摸索着进行试验性操作，经常搞试验弄到深夜一两点钟。"我们花了半年多的时间才掌握了套版印刷、定位等技术。"谈及过往的艰辛，张荣强说，"这一切都是值得的，因为我们为夹江年画的传承找到了脉络。"

夹江年画原材料是夹江本地出产的手工纸。以产竹闻名的夹江，用竹料制造的手工纸物美价廉，因其品种多、产量高、柔韧性强、规格齐，是创作夹江年画的极

保持传统文化的原汁原味——张荣强

佳纸品。夹江手工纸也是国家级非物质文化遗产。但就是这夹江手工纸的寻找和制作，张荣强他们也是付出了极大心血。

"除了印刷技艺、纸张以外，夹江年画最重要的部分就是印刷时使用的颜料。"张荣强表示，"夹江年画常用苏木红、槐黄、品绿、蓝靛、黄丹等色，所用颜料都是通过植物制作的纯天然颜料，这也体现了我们祖先高超的技艺。于是我们决定掌握颜料的制作技术，以保证夹江年画一流的质量。"通过这几年的努力，他们已经成功地提取了槐黄、蓝靛、品绿等颜色，成功地掌握了黄丹的使用方法，还原了夹江年画"黄丹门神"的本来面目！

多年来，张荣强复刻出《鲤鱼跳龙门》《福禄宫》《荣华富贵》《财源涌进》《陈姑赶潘》等几十张经典年画作品。其中，2015年11月复刻的夹江戏曲年画作品《陈姑赶潘》，在当年的深圳国际文化产业博览交易会上荣获"中国工艺美术百花奖"金奖，随后获得"2016乐山首届文化创意作品大赛民俗工艺类"金奖。

目前，夹江年画的传统制作方法基本已经复原找回。张荣强清楚，要让夹江年画顺应当下时代发展的需求，他

们在继承传统的基础上，更要不断开拓创新。张荣强说：

"现在我们正在尝试将传统年画与现代的生活用品结合在一起，比如以团扇、桌布、抱枕、书签等物品为载体，选取经典的夹江年画图案印在上面，再进行出售。希望能够通过这些衍生的文化产品，将夹江年画的文化内涵传递出去，让夹江年画再次走入千家万户。"

何素梅

　　竹黄工艺是我国竹艺术中的一个特殊品种，也是我国重要的非物质文化遗产。四川省宜宾市的江安竹黄工艺历史悠久，兴盛于明正德年间，曾于1915年在巴拿马万国博览会上荣获金奖。其工艺特征和艺术特色，在于它的造型、雕刻艺术既保留了中国书画完美的笔墨神韵，又体现了丰富多彩的民族工艺技术，同时，它在内容上追求立意新颖、构思巧妙，是民间审美体验和审美情趣的自然流露。江安竹黄工艺传承人何素梅表示，自己与竹结缘数十年，倾注了太多的心血和感情，现在考虑更多的是如何将古老的江安竹黄工艺传承并发扬光大。

据《辞海》"竹"之"竹黄工艺"解释：竹黄"亦称'翻黄'。中国民间工艺品之一。把楠竹锯成竹筒，去节去青，留下薄层的竹黄。经过煮、晒、压平后，胶合或镶嵌在木胎上，然后磨光，再在上面雕刻各种人物、山水、花鸟等纹样。产品以实用的茶叶罐、花瓶、首饰盒、文具盒、屏风等为主，色泽光润，类似象牙。主要产地有浙江台州、湖南邵阳、四川江安等地。"

据何素梅介绍，在竹资源极其丰富的江安这方水土，培养出了许多擅长竹工艺的能工巧匠，他们不仅能够制作桌椅、筐篓等竹制日用品，也创作出了许多精美的竹制工艺品。而江安竹黄工艺则是江安竹工艺的总称，其表现形态为竹黄、竹筷、竹雕、竹根雕、竹编、竹家具、竹装修七大类。

"一节竹子很普通，但如果加入了人文精神，普通的竹子也有了灵魂和艺术内涵。既有时代特色又有人文内涵的作品才有生命力。"何素梅的父亲、江安竹黄工艺的国家级传承人何华一说。

20世纪70年代，何华一开始接触竹雕，他将诗、书、画等艺术运用到竹雕创作中，其创作的作品在多个国家级和省级的大展上获得金奖。

父亲何华一留给何素梅的儿时记忆，就是拿着画笔和刻刀不停地在竹子上描着，刻着。在父亲的影响下，何素梅也走进了竹雕世界。

经过学习，何素梅得到了父亲的真传，也继承了父亲的衣钵，先后荣获"亚太地区竹工艺工匠""中国高级工艺美术师""中国传统工艺美术大师""四川省工艺美术大师""四川省非物质文化遗产代表性传承人"等称号。

坚守竹黄工艺的非物质文化遗产传承人

何素梅——

　　何素梅回忆说，自己从小就喜爱画画，1985年7月进入江安竹工艺厂随父亲学习竹工艺，主要负责厂里竹器的工艺技术管理、产品设计和质量把关。由于厂里的老艺人们思想保守，不愿生产新产品，导致产品单一，再加上当时市场不景气，给竹工艺发展带来了很大的阻碍。更糟糕的是，由于从事这门老手艺的人越来越少，因此竹黄工艺的传承令人担忧。

　　2001年，何素梅所在的江安竹工艺厂改制。该何去何从？何素梅站在事业选择的岔路口。当时的何素梅有两个选择，要么去北京学习画画继续深造，要么留在江安自己开店创业。在父亲的鼓励和支持下，何素梅决定离开竹工艺厂自己创业。"那时丢掉铁饭碗，需要很大的勇气。"何素梅说，"不过为了传承发扬江安竹黄工艺，我豁出去了。"

何素梅说："为了开拓市场，我静下心来开始自己设计、制作竹雕作品。用了3个月时间，第一个作品终于完成，最后得到了市场的认可。这让我精神上备受鼓舞，也更加坚定了我的创业之路。"2002年，"竹艺轩"顺利开张，以展示、销售竹工艺品为主，店里竹黄、竹筷、镂空雕、皮雕、竹家具等竹工艺品应有尽有，同时这也是何素梅教授徒弟、传承竹工艺技艺的地方。何素梅表示："我的想法其实很简单，就是传承和研究即将失传的工艺，大力弘扬竹工艺技术和促进江安县竹工艺产业发展，培养新一代年轻的竹工艺技术人员。"

2004年，江安何氏竹工艺有限公司成立，何素梅招收了部分下岗职工和技术师傅，根据生产需求，又在社会上陆续招收了20多个学员进行技术培训。公司生产的产品以旅游商品、竹雕实用品为主，远销美国、澳大利亚、日本、挪威等国家。不足之处在于公司目前的规模还是太小，急需扩大规模。

2011年，何素梅自筹资金新建1 500平方米"宜宾市竹木艺术品"陈列馆，向广大人民群众宣传宜宾市竹文化。何素梅说："陈列馆是一个窗口，我希望有更多的人了解、喜爱竹工艺品。"据何素梅介绍，为了传承江安的"竹黄工艺"，她还特意在楼上开设了传习区、工作室、大师讲坛等，由专业的工艺师傅指导学员学习雕刻技术，宣传竹黄这一非物质文化遗产。

2018年，宜宾市何素梅竹雕技能大师工作室被认定为首批宜宾市级竹类技能大师工作室。截至目前，何素梅已带出来许多徒弟，让江安竹黄工艺得到了较好的传承和发扬。

为了宣传和推广自己的竹工艺品和江安竹文化，何素梅带着自己的作品奔走在中国的各个省、市，对外宣传、推广江安竹文化。除了积极参加各地政府主办的竹工艺展览活动外，何素梅还时常一个人带着自己的作品四处展览，参加各种各样的竹工艺研讨会。何素梅的作品多次获得国家级，以及省、市级大奖，其中荣获国家级金、银奖20个。何素梅的作品曾多次参加过国际，以及国内部分省、市竹工艺品展览，并且她还应主办方邀请现场表演竹雕技术技艺。

在取得不俗成绩的同时，何素梅不忘帮助乡亲致富。从1996年至今，在政府部门支持下，何素梅多次到乡镇以无偿授课、现场指导、参加阳光工程培训等多种形式给当地农民和下岗职工传授竹工艺品雕刻技术，帮助农民、残疾人和下岗职工脱贫致富。2015年，何素梅与江安职业技术学校合作，答应长期指导江安职业技术学校学生学习竹工艺品雕刻技术；2017年，四川大学艺术学院聘请何素梅为竹工艺培训班导师，她共计为3 500多名学生和竹农做了培训。

"我只想让竹黄工艺这一国家级非物质文化遗产有新生力量，薪火传承。"接下来，何素梅表示，将会继续脚踏实地做事，认真教好每个学生，真诚地对待每个消费者。

何素梅——

时营

用心，才是手工皮具的灵魂

设计、剪裁、缝制、打磨、封边……"时堂"工作室里，时营将美的灵感、创意雕琢于皮料之上，一件件无声的手工皮具传达出时营内心的细腻和温暖，也诠释着时营对传统之美的敬仰。

一张宽大的工作台，一块纹理规则的皮料，几把趁手的裁皮工具……这便是时营几乎每天都要亲密接触的几件物品。

2004年，在大学当美术老师的时营机缘巧合下接触

时营——

到了一些手工皮具制品，一下子就喜欢上了这门手艺。后来，他干脆放弃了教师的工作，成了一名真正的手工皮具匠人，而这一做就是14年。

10多年后，时营依然清晰地记得自己的第一件手工皮具。"第一件是一个钱包，完全是自己摸索出来的。当时我是买了别人的一个包，拿回来拆开了自己再细细研究。当第一个手工包做出来之后，我就感觉自己的很多想法都可以通过这皮具来传递和实现，思路也可以无限发挥。"时营说。

3年前，时营从老家沈阳来到成都发展。那么，时营为何选择在成都安营扎寨呢？时营认为："成都打造文创、文艺和尊重手工传统这些方面，比其他很多城市都要好。而且，成都人的生活节奏很慢，也可以让很多的手工艺人静下心来慢慢琢磨和打磨。"这些环境因素都跟时营自己理解的手工皮具有相通之处。"冷冰冰的皮革也可以传达出内心的细腻和温暖。"时营这样说。

对于手工皮具，时营有着自己的理解。他说："当年我在学校教美术的时候，接触过皮具。对于做手工皮具能坚持到现在，动力来自于我想追求的是每件皮具都需要自己的原创。如果说现在有哪个厂家觉得我某款皮具还不错，让我做100件出来，那我只能在经济上获得收益，但是对于我自身手工这一块来讲，并没有太大的动力。如果那样的话，我每天不用动脑子，就坐在这里做一样尺寸、一样形状的皮具，就跟工厂机器一样。所以说这么多年我坚持认为，手工皮具里一定要融入自己的生活和自己所经历的东西，这样，每件皮具才会有新的想法和创意。"

一件件精致的作品，在时营"匠心"的呵护下，历经时光的"雕琢"，显得温柔而沉静。

近几年时间，手工皮具如雨后春笋般地在全国各大城市的街头出现。不过，时营认为真正的手工皮具店并不多见，更多的是手工皮具教学。而这些学员却无法静下心来打磨自己的皮具，因为一些教学者提供给学员的方向就是不正确的，他们强调更多的是经济效益。

在自己的"时堂"工作室里，时营就给学员提供一块皮料，然后教他如何使用工具，其他的就由学员自己完成。"学员有他自己的想法和思想，就应该让他自由发挥。"时营说。

虽然有了自己的工作室，但这里寄放的并不是时营的

营生，而是他的爱好。

"我在做任何一件皮具的时候，出发点都是想要把美更好地体现出来，而不是完全按照客户的要求去做。如果客户让我做一个有20层的钱包，那我肯定是拒绝的。虽然我能做出来，但却会失去美感，也脱离了现实。事实上，为每位客户做出的皮具，我都觉得有不足和不完美的地方，也都会在下一件皮具中改进。用心去做，千万别为钱，不然就会失去手工皮具的灵魂。而每一件手工皮具的背后，都有一个独一无二的故事，这就是纯手工制作皮具与流水线成品最大的不同。"时营说。在这些执着的背后，凝聚的正是时营对工匠精神的坚守。

用心，才是手工皮具的灵魂

除了是一位皮具手工艺人外，时营还是一个户外运动爱好者。每年，他都会抽时间和朋友去户外徒步，在山川田野、崇山峻岭间体会不同的自然景观、风土人情，从而获得皮具设计和创作的灵感。

旅行是动态，而做手工皮具则是静态的，那么这两者之间是不是有矛盾的地方呢？对此，时营表示："其实不是这样的。旅行和手工是一个很好的契合点。比如我可以一个星期连续7天坐在这工作室里做手工，但到了第8天，我可能就没有想法和创意了。所以，我得出去走走，去开阔视野，接受新的东西，这样才能找到灵感。这就跟手机定时清理内存的道理是一样的。也就是人们常说的，只有走出去才能带回来，天天窝在家里，那就只能凭空想象或者去模仿，而失去了自己独有的东西。"

"而且我也很喜欢在户外的感觉，不管是去大的山还是小的山，走长的路或者短的路。置身大自然的时候，我总是十分清晰地感觉到自己的渺小。我无限地敬畏大自然，在大自然中，我觉得十分宁静，这个时候我周围的一切，不管是树还是风这些东西都是与我共同存在的，是真正意义上的共生。走在这样的路上，也觉得自己心中十分的开阔。"时营说，"内心的宁静和身体的奔波并不矛盾，相反，它们于我而言，缺一不可。"时营走好每一步路，做好徒步的每一个环节。同样，他也勾勒手工皮具上的每一个线条，每一处针线。

与其他许多仍在坚持做手工皮具的匠人一样，时营觉得，制作手工皮具不仅是一种手与心并用的"游戏"，也是手工传承与工业流水线的"博弈"。"不忘本心，才有延续。"时营说。

用心，才是手工皮具的灵魂

时营

邹德旭

为鸟儿打造一座称心的别墅

《庄子外篇·至乐》载："昔者，海鸟止于鲁郊。鲁候御而殇之于庙，奏《九韶》以为乐，具太牢以为膳。"说明早在先秦时候，人类已经有了驯养鸟的意识。不过当时鸟儿并未养在笼中，人们只是用音乐和食物来吸引野生鸟类的注意。

三国时期，魏文帝曹丕作《莺赋》："堂前有笼莺，晨夜哀鸣，凄若有怀。"这是文献中最早针对鸟笼的记载，由此可知，至少在1 800年前，鸟笼已经出现了。

为鸟儿打造一座称心的别墅 邹德旭

149

到清朝的时候，由于八旗子弟有养鸟、遛鸟的传统，鸟笼工艺达到极盛，清宫造办处会组织全国能工巧匠为宫中制作鸟笼，其艺术品位和价值都达到了巅峰。

近些年，一些鸟类作为保护动物已经禁止民间养殖，加之城市居住环境的变化，养鸟的逐渐减少，鸟笼成为一项小众消费品。但很多制笼匠人仍在坚守这项古老的技艺，来自都江堰市胥家镇大林村的邹德旭及其哥哥邹德福就一直秉承着祖传手艺，在这个行当坚持了30余年。

中国传统鸟笼的制作根据地域和特色衍生出几大派系，最为有名的是以河北省涿州市义和庄为代表的北派鸟笼和以贵州省丹寨县卡拉村为代表的南派鸟笼。近些年，川派鸟笼因工艺秀丽精美而逐渐成为后起之秀。

川派鸟笼以都江堰市聚源镇、彭州市竹雕为基础，在鸟笼上雕刻各种精美的图案，利用竹质不同层次的光线反光作用，构图讲究、刀法细腻，以浅浮雕、深浮雕、透雕和鎏青雕表现雕刻技法，并将传统竹雕、玉雕、木雕艺术与鸟笼巧妙结合，于细节处彰显端庄高雅的独特气息。

邹德旭就来自川派鸟笼两大发源地之一的都江堰市，学的就是聚源镇竹雕的手艺。他的身材不算高大，粗糙的双手布满老茧，这是制笼手艺人长年累月的锤炼留下的岁月痕迹。

邹德旭出身于都江堰市的一个制笼世家，从小跟着父亲邹兴昌和大哥邹德福学习制作鸟笼。邹家鸟笼虽然技艺精湛、质量上乘，但早期样式较为单一，邹德旭觉得这样的鸟笼不够精美，算不上艺术品。从小喜欢画画的邹德旭受到当地聚源镇竹雕艺术的启发，想到了在鸟笼上进行竹雕，从而提升鸟笼的艺术价值。

于是，邹德旭遍访名师资源，几经周折，访问到都江堰市金陵村一位叫夏万洪的雕刻手艺人，邹德旭被他的作品所折服，多次与夏师傅交流后，终于拜其为师。经过几年的学习，邹德旭对雕刻花鸟人物有了一定造诣，学成后他将竹雕技艺融入大哥制作的鸟笼中，取得了不错的效果，兄弟俩从此精诚合作，在当地的鸟笼市场逐渐崭露头角。

鸟笼制作从来都不是一个简单的过程。从山上采购回来竹料，需要经过刮青、切割、去水、晾晒、火炉、库房沉淀等步骤，有时候新鲜的竹料甚至需要用很长的时间去沉淀，使其达到合适的程度。这是一个极其漫长的过程，有些人为了图省事，会去买现成的合适材料。邹氏兄弟为了保证鸟笼的质量，多年来坚持自己去山上采购新鲜竹料。竹料会随着时间的推移慢慢变色，由最初的浅绿色逐渐变成沉木的深色，等到包浆渐渐出来，其色泽光亮鲜明，那是经过岁月沉淀的印记，一点都骗不了人。

材料沉淀完成后，制作一个鸟笼又需要诸多步骤，而且每一个部件都是纯手工完成，前前后后，百道工序是常见的，制作精良的鸟笼，甚至需要上千道工序。邹家兄弟的鸟笼从开工到完成，简单的需要三四个月，复杂的可能需要一年的时间。

在邹德旭看来，制作一个鸟笼就是为鸟打造一座别墅，就像盖房子一样，一点马虎不得。他们会根据不同的鸟类，为它们准备不同的细节。例如有的鸟喜欢在沙地里玩耍，就把鸟笼下部做深，可以铺一层沙子；有的鸟喜欢静立在一处，就在笼子里放一个站台。

当大哥邹德福把鸟笼的基本形状塑造好以后，就轮到邹德旭出场了。竹雕一般刻在鸟笼的顶部、圈足，或者门牌、杯把、站桥等细节处。竹雕也不是一门简单的手艺，而是一种传统文化与艺术的结合，邹德旭在这方面下足了

功夫。从小有美术基础的他喜欢自己设计图案,常常买来一堆参考书细细钻研。邹德旭的雕刻题材多取自《三国演义》《水浒传》《红楼梦》《西厢记》等中国古典文学作品。他觉得,传统的文学作品与传统手工艺品显得相得益彰,精美的雕花不止一眼看上去让人惊艳,很多时候需要慢慢把玩,才能仔细品味每幅图画背后的故事。

邹氏兄弟在都江堰市做了30年鸟笼,受到当地爱好者的追捧,又招收了不少学徒,声势逐渐壮大。但他们却不愿意固守在这个舒适的小圈子里,而是想把川派鸟笼推广到更广阔的舞台上,同时与更多的爱好者进行交流学习,拓宽自己的视野。

2018年9月,兄弟俩在繁华的成都市"青羊鸟市"开起一家"邹式竹艺堂",开始与南来北往的鸟笼制作者与收藏者交流心得,以进一步提升自己的技艺。

2018年年底,兄弟俩还带着作品参加了浙江省举办的"首届中国民间文创精品展览会",精美雕花的川派鸟笼,让全国各地前来参观的藏家赞叹不已。除了推广自己的作品,闲暇之余,邹德旭还跟众多工美大师,以及北笼、南笼的传承人相互探讨学习,在鸟笼制作技艺上,又有了新的见解与方法。接下来，他将尝试融合各家之所长，制作出一些更有新意的作品，让川派鸟笼在更广阔的舞台上闪闪发光。

何稼静

"煨茶，大抵是爱茶之人每天都心心念念的事吧。三五好友，无论是从诗词歌赋谈到人生哲理，还是从闲语八卦到我不语，你也懂，都是不错的！时至今日，煨茶已成为人们的一种健康生活方式了。"何稼静——"煨茶生活"新饮茶方式的倡导者，以及"智能煨茶炉"的发明者和专利拥有者。

据何稼静介绍，饮茶嗜好遍及全球，全世界已有50余个国家种茶，中国是茶的故乡，是最早发现、利用茶叶的国家，被誉为"茶的祖国"。在中国，茶被誉为"国饮"，是亲朋好友会面必不可缺的一种饮料。人们能在茶中喝出友谊、喝出交情。

"寒夜客来茶当酒，竹炉汤沸火初红。寻常一样窗前月，才有梅花便不同。"这是宋代诗人杜耒描写在寒冷的夜里，主人点炉煮茶，以茶当酒待客的诗句。清香茶暖，品茗交谈中其情浓浓，此中儒雅正是古人传递出的悠悠风韵和令后世神往的高雅生活。何稼静认为："喜欢煨茶，不在于茶本身的品质，而在于喝茶的方式，率性而没有烦冗法则。在现代都市中找寻这样一种返璞归真的所谓闲情雅致，也可为烦躁与浮华找寻些许的乐趣。"

为什么人们爱煨茶？何稼静解释道，从科学养生的角度来说最直接的好处是煨茶比泡茶更防癌。原来，和用沸水泡茶相比，用茶壶煮茶可以让茶叶释放出更多的抗癌物质，抗癌效果更好。

何稼静表示，茶在延缓衰老、抑制心血管疾病、预防和治疗辐射伤害、抑制和抵抗病毒菌、美容护肤、醒脑提神、利尿解乏、降脂助消化、护齿明目等方面具有一定的辅助功效。

随着生活水平提高，人们对如何科学饮茶和健康品茶的知识几乎是空白的，"而煨茶就是迈向科学养生方法的一条捷径。"何稼静说，"面对上千品种的茶叶，很多普通的消费者并不知道怎么喝茶。""健康饮茶应掌握'五大标准'：性别、年龄不同，品饮茶不同；时令不同，喝不同茶；时辰不同，泡不同茶喝；体质不同，服用不同茶；身体状况和状态不同，选适合茶喝。"何稼静介绍说。

作为成都市茶与健康研究所研究员的何稼静，不仅首倡了"科学健康饮茶'五大'系统论"，而且还开创了以"康、善、礼、和"为核心的新茶道人文精神。

对此，何稼静解释，"康"字首要之意为"健康"，"对身体有益"。首先茶之源为"康"。研究茶如果从源头溯起，也就是围绕健康展开的主题。神农尝百草，日遇七十二毒，得茶而解之。神农氏发现茶，当时之目的是为其解毒。说明茶的起源是为了解毒，为了身体健康，而不是简单地为了解渴，或为了口感舒畅。离开"康"之茶则是不健康之茶。但在饮茶的整个产业链条里，很多环节和细节确实没有做到真正的造健康之茶的严谨流程和工艺，因此，当前茶核心问题仍为一个"康"字。另外，茶之路为"康"。茶之路是指茶的质量之路、发展之路、兴盛之路，茶的唯一之路就是紧紧围绕"康"字，走健康之路。从茶园管理到茶叶的加工环节，再到流通环节，甚至到茶桌品饮上都须符合食品安全规定，都须环保、生态、营养和健康。

关于"善"，何稼静认为，善是茶性与人性的完美结合。《三字经》开篇讲"人之初，性本善"，中国是一个以"善"为本的民族。茶之善是茶性首要之体现。"茶者，南方之嘉木也。"茶被称为嘉木，是因为茶的生长、体型、特色和内质等具有刚强、质朴、清纯和幽静的本性。茶汤晶莹清澈、清香怡人，给人以智慧和幽雅的韵致，更以恬淡、宁静、淡泊带来善美之感。茶性与茶品相联系，无喧嚣之形，也无激扬之态，更无凶残之相，茶性与茶品的自然本质特征渗透到人们的生活领域，折射出人对生活的一种理解，一种静观，一种品鉴，一种回味；延伸到人们的精神世界里，则是一种境界，一种理念，一种智慧，一种品格。一切都围绕"善"而延展。茶之善是茶德之核心。陆羽在《茶经》提出的"精行俭德"，说明茶的美好品质应与品德美好之人相配。另外，茶之善表现为茶的兼

容性和包容性。善的本性须为博大胸怀和宽广胸襟，能容天下难容之事。茶与各种保健食材、药材充分融合，能调理出各种口感、各种功能的茶汤。

如果说善是茶之灵魂和思想，那礼则是茶之行为和外显。以茶待客，成为最具平民性的日常生活礼仪，茶与礼仪已紧紧相连，密不可分。这种习俗和礼节在人们生活中积淀、凝练和阐发，成为中华民族独特的处世观念和行为规范。

而这个"和"字，何稼静表示，它是茶之核心和灵魂。几乎所有关于茶道的理解和诠释，都用了一个共同的"和"字。"和"是中国茶道哲学思想的核心，是茶道的灵魂。"和"是人们心地善良、和平共处、互相尊敬、互相帮助的要求。我们倡导"善茶传礼，唯善呈和"之核心理念，将茶与善、礼、和三者概括为中国千年来的茶道核心。同时我们更融入了"康"，作为中国茶的本源和本质，并提出中国茶产业的现状，以及存在的问题和未来解决之路都仍将围绕一个大写的"康"字。

卓玛

张爱玲《更衣记》里提到最初的旗袍——原来那时的旗袍反映了一种女扮男装的风气，女子们想通过这种长衫来抹去自己身上的女性气息。旗袍是每一个爱美女性内心柔软的梦，也是中国女性展现绰约风姿的最佳服饰。

在历史文化底蕴深厚的成都，一位勤劳淳朴的藏家姑娘，有着美丽的外表，独特的气质，坚韧的决心，她用最纯的初心打造着一件件属于自己的旗袍。她就是今天的主人公——80后旗袍工匠卓玛。在藏语里"卓玛"就是仙女的意思。

在一间复古典雅的旗袍体验店里，陈列着各式各样华美精致的手工旗袍，这些都出自藏族姑娘卓玛之手，从爱穿旗袍到自己设计制作旗袍，她对旗袍的热爱源自于故乡的那山那水那人。

在四川甘孜藏族自治州的西部，有一个小小的县城——巴塘。那里气候宜人，风景秀丽，有着"高原江南"的美称。卓玛就出生在这里。

故事要从卓玛的外公说起。当年外公作为一名优秀的援藏汉族干部，来到了巴塘，与当地美丽的藏族姑娘结婚，并有了一个可爱的小女儿，这便是卓玛的母亲。滔滔而过的金沙江，孕育着卓玛家族的一代又一代。工作繁忙的父母在卓玛小的时候，很少有时间陪伴她左右。那时候在藏家，自家的服饰都由家人们亲手制作。于是，人小心细的卓玛总爱跟随着做藏绣艺人的爷爷，看着爷爷一针一线绣着各种藏装头饰和花边，在卓玛幼小的心里种下了一颗美好的种子。

同时，受外公的影响和鼓励，卓玛从小还是以学业为重，认真学习文化知识，高中毕业后顺利地考上了理想中的大学。带着家人的期许，跨出家门的她，来到了梦想中的现代大都市。

爱好歌舞、性格外向的藏族姑娘卓玛，在大学校园里经常参加学校的各种文艺活动，几乎包揽了学校大多数的主持工作，刚开始她多以藏族服饰亮相，在老师的建议下，卓玛开始尝试不同风格的服装。而旗袍的端庄、典雅让卓玛一见钟情，爱不释手。

大学毕业后，卓玛进入房地产行业打拼，因为工作需要，她想为自己做几件合身的旗袍，以便出席一些重要的场合。可是租用的旗袍要么布料质量比较差，要么不怎么合身。市面上的裁缝，设计出来的旗袍又不能完全符合自己的心意。这让卓玛有了新的想法。

工作之余，从小就会做针线活儿的卓玛静下心来，端详这些旗袍，很自然地就被旗袍的做工、剪裁、刺绣等吸引。她从刚开始对旗袍的喜爱，以及租借旗袍参加活动，慢慢地变成了亲自设计和制作旗袍。

由于对旗袍的热爱，2006年，卓玛萌生了自己创业的想法，拿着毕业后攒下的积蓄，和对旗袍始终如一的痴迷，卓玛辞去了工作，开启了她的旗袍生涯。

这一做，她就再也没有放下过。10多年来虽也受到了各种质疑，但如今卓玛不仅有了自己专属的旗袍工作室，更拥有了自己的旗袍品牌——"卓玛姑娘"。

在品牌创办的初期，工作室的生意并不太好，卓玛一直在寻找原因和寻求出路。她走遍全国各地，到北京、上海、杭州、广州等地去看、去学，即便旁听，她也是其中最认真的那一个。也是因为她的执着，有缘结识了传统旗袍技艺传承与创新设计师史立萍教授，在史教授专业细心的指导下，卓玛信心满满地再次回到成都。

在卓玛看来，旗袍是有灵性的，从对旗袍外表的吸引到去了解旗袍的内涵，卓玛越来越不能自拔。因为出生在气候宜人、有着神奇秀美自然景观的藏族聚居区——巴塘，那里的山水树木、蓝天白云都给了卓玛很多设计的灵感。"把对自然的体验，让人去发现无尽的舒适与一种庄重之美，这也是我所设计的旗袍想要传达给人们的理念。"卓玛说。

如今，故乡的这些花草、鱼鸟、流云、湖泊等元素纷纷以独特的姿态呈现在卓玛设计的旗袍之上，默默地述说着一个个动人的故事。

　　旗袍不仅能体现女性姿态的优雅，更重要的还是它背后所蕴藏的文化。旗袍穿在身上是否合适，还是要看个人的修养高低。所谓修养，也就是一个人的文化内涵，一个人的气质和文化内涵结合起来就是自身的性格，而旗袍也是有性格的，有人说身材好穿旗袍才好看，其实不是这

样，还是要结合自身的性格来选择适合自己的旗袍。卓玛认为每款旗袍都是一个舞台，各自传达一个信念，一件好的旗袍就跟一首好歌一样，可以传承下去！

从设计到剪裁再到手工定制，每一道程序，卓玛都严格把关，选取最为优质的面料，制作上也是精益求精。

与制作一般衣服不同，制作一件传统工艺的手工旗袍，需要经历量体、剪裁、制衣、包边、盘扣等复杂烦琐的工艺流程步骤。

"制作一件普通的旗袍我们需要花15天到30天的时

间，如果遇上一些做工复杂的就需要一两个月，也有做半年的，甚至1年的。"卓玛说，"虽然旗袍制作是一个很费时间和精力的细致活，但看到顾客拿到自己梦寐以求的旗袍的那一刻，也正是我们工作中最快乐的时刻。"

一针一线一把剪刀，静心制作出精美旗袍，这大概就是人们口中的工匠精神。许许多多手工工匠者选择沉默，坚持缝制，并非为了干一番惊天动地的大事，而是为了自己的小小心愿执着坚守，不懈追求事物的完美。

　　"薄雾浓云愁永昼，瑞脑销金兽"，李清照笔下的
"瑞脑"其实是一种名为"龙脑香"的香料；苏轼诗作
《和黄鲁直烧香》也载："一炷烟消火冷，半生身老心
闲"。可见，香与中国文人关系之密切。他们读书会友时
燃香，品茗论道时燃香，调弦抚琴时燃香，独自安眠时也
燃香。难怪明朝周嘉胄曾慨叹道："香之为用大矣！"

　　在中国，香文化与酒文化、茶文化一样源远流长，可
惜时至今日，还在坚守制香这项传统文化工艺制作的人已

寥寥无几。很多时候，我们甚至只能在浴室或卫生间里见到香的身影。

好在，总有人未曾放弃，"香道工匠"周晓钰就一直在这条路上探寻、摸索、创新，为传承中国传统香文化尽最大努力。

早在春秋战国时代，中国人就已经开始使用香料，而且使用方式多样，有熏烧、佩戴、煮汤、熬膏、入酒等。先秦典籍《诗经》《礼记》《左传》《山海经》等都有很多关于香草、香料的记述。

汉代以后，东南亚、南亚及欧洲各国的香料沿着丝绸之路传入中国，聪明的古人将这些来自异国的香料与中国本土香料按照一定比例调和，制造出"合香"。汉唐时期，不仅香料制作工艺得到长足发展，还留下了大量精美的香具，我们所熟悉的汉错金银博山炉、唐葡萄花鸟纹银香囊都是古代贵族熏香的佐证。到了宋代，随着经济的发展，香已经走出宫廷贵族的圈子，成为百姓日常生活的重要部分。这样的传统一直延续到清末。

遗憾的是，清末以来，因为战乱及西方文化的冲击，延续了上千年的香文化几近断绝。香作为一种"奢侈

品"，逐渐从人们的日常生活中消失了，只是作为祭祀仪式还保留在庙宇之中。

如今，随着人们生活水平的提高，越来越多的人重新注意到香这种陶冶心绪的佳品。而周晓钰一直坚守的，不仅仅是恢复传统香文化，更是在传承中不断尝试与创新。

古时人们熏香，会因为不同植物挥发出不同的香气，从而产生不同的愉悦感。但千百年来，我们所熟知的各种香，无论是线香、盘香、塔香……想要成型，就必须添加黏合剂。如果完全按照传统工艺制香，尽管黏合剂使用的都是纯天然的树皮，但仍会细微影响到香料本身的味道。

　　周晓钰下定决心突破这一瓶颈。他改变磨粉工艺，磨不同粒度的粉，进行不同香材和不同粒度的调配，通过数百次的实验和改进，才有了工艺参数的成熟，终于成功研制出一款无黏合剂的线香。

　　无黏合剂的线香不仅保证了香料的纯度，大大提升了香的品质和人们的嗅觉体验，而且此种线香除了可以用传统的燃烧方式熏香，也可以用电香炉熏烤的方式熏香，实现无烟体验，使熏香变得更加环保。

　　这款无黏合剂的线香，最终得到了专家的认可，获得了国家专利证书。

与很多手艺人练的是童子功不同，周晓钰真正开始接触香的时间并不算长。在他童年的记忆里，对香的唯一印象就是家里大扫除的时候会点上几支红红的卫生香。周晓钰进入制香领域，是在2012年。彼时，39岁的他因为喜欢音乐，和朋友一起做民谣、卖唱片以及音响器材，小日子也过得红红火火。有一段时间，周晓钰发现妻子的睡眠不太好，他听人说沉香有助于安眠，便去买了一些回来试试。

其实，中国古人在很早的时候就已经认识到香可以安眠，预防瘟疫。李时珍在《本草纲目》中记载了"乳香、安息香、樟木并烧烟熏之，可治卒厥""沉香、蜜香、檀香、降真香、苏合香、安息香、樟脑、皂荚等并烧之可辟瘟疫"等内容。

那一夜，周晓钰尝试着用电香炉烤出香的味道，没想到，效果特别好，夫妻两人都睡得很安稳。第二天一早，年届不惑的周晓钰突然感觉找到了人生未来的方向，他做出一个大胆的决定，学习制香，将这门传统技艺发扬光大。

零基础的周晓钰开始报班向专业老师学习，请行业里的朋友指点，自己反复实验摸索，同时跑遍了全国大大小小的博览会，以获取相关经验。这期间，有过失败，有过挫折，周晓钰都坚持了下来。终于，2016年，无黏合剂线香的成功，让周晓钰在这个行业站稳了脚跟。

周晓钰制香，从来不跟风市场，在他看来，对现代人来说，香不仅有着舒缓压力的实际功效，更是我们了解中国传统文化的一种载体，是一个人明德修身的媒介。伴着一缕清香，品茗、抚琴、谈诗、作画，似乎能让我们回到那个文人雅集的盛会。

为了让更多人爱上香文化，周晓钰在保持传统工艺的同时，不断创新。除了发明无黏合剂的线香，以提升香的品质，他还在香的造型上下起了功夫。我们目前所见的香以线香、塔香为主，周晓钰独辟蹊径，设计出祥云、福字、莲花等具有中国传统元素的图案，同时，为了吸引年轻人的目光，他还设计了一款数字"6"的造型，暗合当下的流行语"666"。在包装上，他也一改过去笨重的盒装，设计出精巧的单片独立包装，放入防火棉，方便人们随身携带，走到哪里都可以点燃一片，以便更好地推广香文化。

做香做久了，周晓钰似乎也感染了那份清雅，他说，自己有时候很想化身为一炷香，周围的人会因为他的存在而感到愉悦快乐，那是他最向往的境界——一瓣心香。

周赟

在成都有一位女子，明明可以当艺术家，却干起了裁缝，一干就是十来年。周赟，就是这么一个又纯真又执着的手工包工匠。

20世纪70年代，周赟出生在广安邻水一个叫河水沟的山区，父亲是一位转业的乡镇干部。由于父亲工作长期调动的原因，周赟的童年有着无数次搬家的经历。从这个乡到另外一个镇再到县城，长期的搬家，周赟身边总是缺少一起玩耍的伙伴。母亲是一位乡镇教师，外公是一位老裁

用纯真打造属于自己的布艺手工包

周赟

缝，会绘图裁衣，因此母亲自小就会绘画和做衣服。在乡镇的学校什么都要教，语文、数学、音乐、美术都是母亲一个人教。在美术课上，她都会摆放一个物品来授课。因为受母亲的影响，周赟自小便喜欢上了绘画。

上高中后，周赟有了自己第一个梦想，去向往的北京服装学院学习。可是，由于地域局限，县城没有专业的培训机构，周赟没有受过专业的设计基础培训，无缘实现自己的愿望，她最终考入了四川美术学院油画系。

虽然小时候热爱绘画，长大后，她却没有想好要不要把这门专业当作职业去做。大学毕业后的周赟，来到成都一家药厂从事平面和包装设计工作，日复一日的工作让她觉得缺乏创意，无法真正实现自身的价值。

一次回乡探望家人，偶然看到长辈们自己制作的服饰上的绣品，勾起了周赟藏在心里许久的那个梦。于是，她回到成都果断辞去了按部就班的工作，重拾当初做手工的热情。

在母亲的建议下，周赟回到乡下向外公学艺。外公的细心调教，加之大学时积累下的丰富绘画基础，用功的周赟很快学会了裁缝这门手艺。她信心满满地回到成都，以一个布艺手工艺人的身份再次出发，成立了自己的手工工作室——野云工作室，还开起了淘宝网店，受到越来越多年轻人的关注和喜爱。

向往自由的周赟之所以把工作室取名"野云"，是希望能保持乡野山林沉淀给设计的自由与灵性，让自己的内心始终保持一份简单的宁静。

2006年辞职在家的周赟规划着自己未来的手工事业，她的淘宝店主要做些布艺的包和衣服。于是她购买了一台小型缝纫机、准备工具、批发布料，从设计款式到加工制作，从成品拍照到网店打理，全是她一个人来完成。在朋友圈中，大家都称周赟为全才人物。当时在淘宝上销售原创手工作品还非常少，她也算是成都手工作品网店的首创者。

工作室成立后，以设计制作棉麻布包、简素服装为主，兼有布艺、玩具等产品，所用的布多采用天然亚麻、纯棉帆布等优质物料。一直以来，周赟都试图用一种纯朴自由的设计，使材质的天然特性和造型得到最合适的表达，同时追求做工和细节，删繁就简，让自己的手工艺品既实用又能表达出使用者的生活态度。

设计、制图、打板、剪裁、缝线、封边……每每开始

着手一款手工包的制作都离不开这必要的几步，周赟说，
手工包要花费多大的心思与精力只有手工师傅自己知道。
刚开始的时候，因为不熟悉制作流程，她做一个包往往要
花上几天时间，为此经常忙得顾不上吃饭。到如今，周赟
虽然已经做了10多年的手工包，但依然一丝不苟、精益求
精。"吃过早饭就动手做，做着做着天就黑了。"在缝纫
机前，周赟一边忙碌一边说道。

用纯真打造属于自己的布艺手工包

周赟——

如今，在推崇名牌之外，更多的人也在寻求一种独特。随着人们生活方式的改变，环保简洁、图案设计独特的手工布包，逐渐流行起来，尤其受到年轻人的青睐，顾客和周赟一同聊着自己的喜好，一同参与着物品的设计、颜色的挑选。周赟很是开心，既做出了让顾客满意的产品，又交到了志同道合的朋友。

心思细腻的周赟会为每一位顾客提供定制服务，无论是包的样式、布料还是颜色、拉链等，顾客都可以自主选择，这样做出来的包就是独一无二的。"我不想量产，而是希望能做我自己喜欢的设计。"周赟说。在工作室的墙上，挂满了周赟这些年来设计的各式各样的布包，每个包的纹路、肌理和色彩搭配都让人感到舒适而和谐。

周赟也经常会给自己和家人做东西，"我身边很多东西都是我自己做的，手包、零钱袋、环保袋等，需要用什么了，我就自己做出来。我是一个很在意细节的人，在市场上总是很难找到各方面都符合我审美标准的布艺品。"最让她满意的是那件亲手为自己做的嫁衣，"结婚时总是选不到称心的礼服，加上老公又是陕西人，我便为自己做了一件有着陕西地方特色的女式喜服，希望能尽快地融入他的家庭。"细心又内敛的周赟就这样一针一线表达出自己的喜悦。

　　工作之余，周赟也是一个很会享受生活的人。忙碌过一阵后，周赟经常和家人出去旅游、散心，也会从旅游中得到很多设计的灵感和启发。

　　如今，除了打理网店和制作产品，周赟还会带着她的手工艺品参加许多社会公益活动，她希望能用一己之力把布艺设计的美好带到更多的朋友们身边。

罗慧兵

小小的铝丝，看似平常，但在90后成都小伙罗慧兵的手里可成了宝贝。经其巧手加工设计过后，腾龙、变形金刚、孔雀、花瓶、汽车等手工艺品栩栩如生。看到过他制作的铝丝编织作品的人，无不发出啧啧惊叹。作为第三届"濯锦工匠·十佳工匠"之一，罗慧兵表示："年轻就是资本，既然选择了，我就会坚持走下去，将我们的手工技艺更好地传承下去。"罗慧兵的经历，生动地诠释了学习、创业的执着精神。

铝丝绕线编织起源于欧美国家的时尚铝线动手做，纤长的特质被爱好者赋予无限变化的可能。铝丝绕线编织即以氧化铝线为材料，通过人力手工运用中国传统柳编古老技法，配合现代元素，添加一些新的编织手法，如绕、编、旋、缠、拉、穿等，创作出多种艺术形象作品。手工产品多以现代家居装饰品为主，具有美观大方、磨损率低、保存时间长、现代感强烈甚至超时空的特性。

能够随手将铝丝做成精巧生动、惟妙惟肖的各种艺术品，这跟罗慧兵从小打下的美术功底有关。"我高中以前一直在学美术，这对我现在的绕线手工的创意和设计都有很大的帮助。"罗慧兵说。

回忆过往，罗慧兵用"偶然"来形容自己和手工艺品结缘。罗慧兵说："有一年去北京旅游，偶然无意间在街上看到一个老人摆摊卖铝丝制作的手工艺品。当时我觉得很新奇，也很有趣，于是，回到家后便用废旧铁丝试着自己做。"在这过程中，罗慧兵也是一路跌跌撞撞，凭着坚持和韧劲，经过潜心地钻研、琢磨，不断尝试和反复练习，罗慧兵终于系统地掌握了绕线工艺的基本工序和技法，他的手艺也越来越娴熟，做出来的手工作品也终于有模有样了，并摸索制作出造型各异的手工艺品。有一次，他做了几件绕线手工艺品试着拿到市集上去卖，没想到很快就被抢购一空。"真漂亮！""手真巧啊！"不时有人被罗慧兵的这些手工艺品所吸引，并发出由衷的赞叹。这给了罗慧兵巨大的成就感，也成为他专注于铝丝绕线工艺的起点。

现在，罗慧兵用铝丝制作的手工作品形象越来越丰富了，什么花鸟、十二生肖、水果、昆虫、动漫形象都不在话下，他甚至已经可以接受个性化定制了。"当一件作品从无到有，然后再完成创作，那种巨大的喜悦和成就感是难以形容的。"罗慧兵说，"现在基本上以创作为主了，很多作品形象要经过很长一段时间的研究和完善。"

罗慧兵的老家在河北邯郸，2012年他考入四川绵阳一所高校，就读室内设计专业。从大学一年级开始，他就利用课余时间编制铝丝手工艺品，周末便到公园摆摊。经过罗慧兵的创意设计，他的手工艺品格外抢眼。事实上，从进入大学开始，罗慧兵再没有问家里要一分钱，学费、生活费都是靠这手工艺品挣来的。

据罗慧兵介绍，自己制作的铝丝手工艺品，使用的铝

用铝丝编织多彩的生活 罗慧兵 —

丝是经过高温氧化上色的，色泽均匀、艳丽，颜色不易脱落，永不生锈，脏了用清水冲洗即可，而且质地柔韧、有弹性，且不易折断，也易于摆弄出各种造型，用此材料制作出来的手工艺品还可以永久保存收藏。

罗慧兵说，铝丝绕线手工艺品制作流程为构思、画草图、搭骨架、缠圈、走线、组装、造型。具体到手工操作，就是先把铝丝拉伸，然后找一件可以固定的物体比如筷子、笔等圆形物体来进行绕线，接下来就是做好每一个小部件，最后就是组合拼接完成。

大家在集市上常见的铝丝手工自行车艺术品，罗慧兵干脆来了一个百分百详解："先将铝丝拧成一个车轮子的形状，然后把事先在小铁棍上绕好的铝丝圈套在轮子上，这样一个完整的自行车轮子就做好了。接下来就是做另一个轮子和自行车车身。"经过了大约5分钟的时间，一个精致的自行车模型就出现在了罗慧兵的手中。

在罗慧兵的记忆里，2016年制作一件客户定制的《变形金刚》中的擎天柱是自己从事绕线手工以来最艰难的一次。当时，这件用铝丝做成的擎天柱有近3米高，其骨架制作极其费神。因为铝丝不是太坚硬，导致擎天柱一直无法

直立。最后，罗慧兵用将近一个月的时间才找到解决难题的办法，"在那段煎熬的日子，我曾想过放弃。但最终对绕线手工的无比热爱让自己坚持了下来。"

大概2012年的时候，罗慧兵在学校的支持下，每周给学生们上一堂手工课，同时他还有了自己的工作室。

2016年，罗慧兵大学毕业了，他选择留在了绵阳，继续自己喜爱的铝丝手工艺术品创作。罗慧兵说："我在这里认识了很多民间艺术家，他们都是我敬重的老师，这是我继续提升手工技艺的基础。"后来，罗慧兵与朋友合伙开办了一家文创培训机构，罗慧兵亲自上课，教学生们制作铝丝手工艺术品。罗慧兵表示："我就是希望能有更多的人了解和喜欢上铝丝编艺，并让他们懂得和领悟用心做事才能获得成功的道理。"现在，罗慧兵的工作室也在成都落地，而且还在成都天府广场下面的街市开了一家名为"轶铁手工"的铝丝手工艺术品门店。

对于四川，罗慧兵有种特殊的情感。"我的很多铝丝手工艺术品都是以四川文化元素为载体。比如国宝大熊猫，比如成都的很多地标建筑……它们都给了我无穷的创作灵感。此外，四川人的热情好客，悠然闲适的生活态度，也为手工艺术品奠定了创作基因。"罗慧兵说，下一步，他会在作品的高端和精细方面继续下功夫，会更多地专注于四川文化主题作品的创作。他希望能通过自己的这种方式，用铝丝手工艺术品来表达对四川的热爱。此外，罗慧兵还认为，铝丝的绕线工艺与根雕、草编等其他手工艺有很多相似相通之处，希望以后能多交流借鉴，并尝试创作结合多种工艺的作品。

"铝丝没有铁艺金属那样的冰冷、沉重，通过自己的手工技艺制作出来的艺术品所透出的温暖感易与人亲近，但这门技艺靠的不是感觉，需要激情与坚持。"罗慧兵说。在罗慧兵眼中，没有一颗执着追求和沉静下来的内心，一味地模仿、复制，是做不出有个性有特色的作品的。罗慧兵强调："每一件作品必须要有创新，此作品才能让人激动。而这样的创作也才能让我真正找到人生的乐趣，我相信我会用自己的双手编织出多彩的生活和无限的未来！"

钟小林

在成都，有一种手绘风格的明信片，主角是各式各样萌萌哒的大熊猫，它们或是化身羽扇纶巾的"滚滚"站在武侯祠前，或在独具书香气息的杜甫草堂中看书写字，或在文殊坊吃糖葫芦，又或在成都某美食店门口拿着排号单站在人群中等位……这些独具创意的大熊猫明信片均出自成都小林文化传播有限公司（以下简称"小林文化"）。

小林文化的创始人是钟小林，一位80后成都创客。钟小林从小就喜欢画画，同时也喜欢将自己的作品分享给他人。刚开始的时候，钟小林只是把绘画当作自己的业余爱好，她经常会把一些好的绘画作品发布到网络上，没想到受到非常多网友的喜欢。

试水网络后，钟小林便制作了一些手绘明信片到成都的创意市集上出售，因为当时市场上手绘风格的明信片非常少，所以销售效果异常好。得到了市场的认可后，钟小林决定将自己的爱好变成事业。

2013年，钟小林注册了小林文化传播有限公司，开始了创业之旅。创业之初，钟小林考虑到既然立足成都，就应该将自己的文创产品与成都的本地文化结合起来。成都是一座历史文化名城，同时也是一座时尚美食之都，除此之外，成都还有全世界人民都喜爱的大熊猫。经过反复考量后，钟小林决定打"熊猫牌"，她将大熊猫与成都本地的美食、方言、景点、民俗等结合起来，创作了一系列明信片，这些大熊猫明信片一出来便受到了外地游客的喜爱。

经过几年的发展，小林文化已经从当初钟小林一个人单打独斗，发展到现在十几个人的创客团队，产品内容涵盖了中国传统文化、天府文化、当地民俗文化等，多达数百种。产品类型方面，除了主打产品明信片以外，小林文化还开发了笔记本、贺卡、书签、台历等其他纸品类型。

好的作品必然受到市场的青睐，小林文化如今除了在四川拥有熊猫邮局、新华文轩书店、西西弗书店、成都博物馆、四川省博物馆等稳定的销售渠道外，还与北京、上海、深圳等城市的一些书店进行合作，小林文化正在逐步走出四川，走向全国。

钟小林一直喜欢有温度的东西，因此，她力求呈现给消费者的每一件作品也都带着温度。为了做出让自己和消费者都满意的作品，从策划、设计、排版到选材、印刷，每一个环节钟小林都会花很多心思，力求完美。

一件好的文创纸品，并不是画面设计好后想当然地印刷到纸张上面就可以了，而是要根据不同的画面来选择不同材质、不同规格、不同款式的纸张，挑选好纸张之后再打样看整体效果。拿到样品后的钟小林还会跟自己较劲，画面在纸上是大一毫米还是小一毫米？应该选用哪一种字体？字号是8号、7号还是6号？文字和图片的摆放是否合理？笔记本的页码是50页合适还是30页合适？……对每一个小细节，钟小林都会死磕到底。一张小小的明信片，对于顾客来说，只有好看和不好看的区别，但是为了让顾客觉得好看，钟小林会花费一个月的时间来打磨。

有了成熟的创作团队，钟小林很少有时间再亲自创作作品，而是把重心转移到产品把关和做好团队的掌舵者。无论是做产品还是对公司的发展布局，钟小林都有着匠人的坚持与执着。

从创立公司至今，钟小林一直扎根在文创纸品这个行业，虽然一路走来遇到过不少困难，但是她的初心从未改变过。如今，小林文化有着优秀的创作团队和良好的口碑及销售渠道，完全可以开拓其他更为大众的衍生产品类型，赚钱也更容易，钟小林却一直坚持做纸品，并力求将这一行做透做精，支撑她的除了自己的爱好外，还有就是一颗匠人的心。

文创纸品在中国属于一个完全不成熟的行业，还处于初始阶段，目前这个行业面临着产业链不完善、市场不规范等诸多问题。在钟小林看来，任何一个成熟的行业都不是一蹴而就的，而是靠一代代的人用时间和经验来成就的。

这个世界，总是说的人多，做的人少。这么多年来，钟小林一直在文创纸品行业里面摸爬滚打，不断地学习、

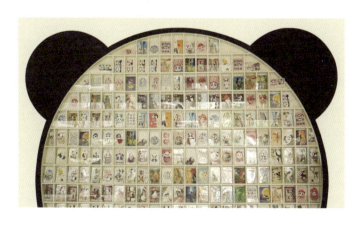

试错。对于钟小林来说，一个新兴的行业，需要有人来做、来试错，或许她成不了这个行业最成功的那一个，但是能够让后来人在自己积累的经验和教训的基础上成功，也是一件值得欣慰的事情。这大概就是一种大公无私的工匠精神吧！

闲暇的时候，钟小林喜欢看名人传记、访谈。回看这些名人的成长历程让钟小林明白，成功从来都没有捷径，名人光环的背后是几年、十几年，甚至几十年的艰辛付出。文创纸品这个行业有着很广阔的发展空间，用钟小林自己的话来讲，她经过几年的摸索才刚刚入门，后面还有很长的路要走。哪怕这条路走起来比较艰难，但是有了成功人士的精神引领，钟小林依然充满信心。

或许有千千万万的人梦想着成为自己所从事行业的翘楚，但是只有少数的几个人能成功。这些人或许不是那么的聪明，也没有那么多的资源，他们只是一直坚守自己的梦想、吃得下苦和耐得住寂寞而已，这就是匠人精神。

"芙蓉城三月雨纷纷/四月绣花针/羽毛扇遥指千军阵锦缎裁几寸/看铁马踏冰河丝线缝韶华红尘千帐灯……"多年前，李宇春的一首《蜀绣》，让大家了解到这项来自祖国大西南的非物质文化遗产，也为大家描绘出一个栩栩如生的绣娘形象：一台绣架，一张绣布，双手灵巧地飞针走线，勾勒出大千世界、锦绣河山。

少有人知的是，在很长的一段历史时期，蜀绣工匠其实是以男子为主，这个传统一直持续到改革开放前后。到如今，四川省内还有10名左右的男蜀绣匠人在坚守初心，省级非物质文化遗产传承人赵崇延就是其中之一。

赵崇延出生于蜀绣世家，其外婆、母亲都是刺绣好手。13岁左右，赵崇延看到母亲在家里绣被面、枕套等物什，好奇的他也拿起针线，跟着母亲学起来。日子久了，小小的少年竟也会了一些简单的技法，能够绣出树叶、小花等装饰物。

1978年，高中毕业的赵崇延面临人生抉择，已经对蜀绣建立起浓厚兴趣的他提出，接母亲的班进入蜀绣厂工作。想不到，却遭到父母以及厂里长辈们的反对，大家似乎都不看好这个从小顽皮的男孩能够沉得下心来每天与针线为伍。

执着的少年最终还是得到了一个机会，厂领导请回已经退休的老艺人魏光建来指导赵崇延。魏光建曾是蜀绣界数一数二的高手，教徒弟也以严厉著称。

据统计，蜀绣的针法共有12大类122种，93道复杂的锦纹针更是蜀绣所独有。蜀绣讲究"针脚整齐，线片光亮，紧密柔和，车拧到家"，常用的针法有晕针、铺针、滚针、截针、掺针、沙针、盖针等。各种针法交错使用，变化多端，大大丰富了蜀绣的表现形式和艺术风格。

对初学者来说，每一种针法的学习，无一不是用时间和汗水磨炼出来的纯熟手感。在魏师傅的严格督促下，赵崇延没日没夜地学习、练习。凭借过人的天赋和勤奋练习，旁人需要磨炼3年的技艺，他只用了1年多的时间就已经熟练掌握，最终以"二级工人"的身份顺利进入蜀绣厂，成为当时成都市工艺美术行业的一段佳话。

蜀绣与苏绣、湘绣、粤绣并称为中国四大名绣，其历史悠久，最早可以追溯到三星堆文明时代，与蜀锦并称为"蜀中瑰宝"。相较于湘绣、粤绣的明艳，苏绣的淡雅，蜀绣的色彩以明丽清秀著称。蜀绣中的异形异色双面绣最为经典，即用两根针穿上不同颜色的线，在绣布两面同时进行绣制，绣出的画面分别具有不同形象、色彩和内涵，体现了蜀绣不同于其他绣品的高超技艺。

早在1915年的巴拿马万国博览会上，蜀绣已经代表四川走上世界舞台，让西方人大开眼界。20世纪80年代，随着改革开放的号角吹响，蜀绣作为神秘东方古国的文化符号之一，开始逐渐走进西方人的生活之中。那是蜀绣厂最辉煌的时代，来自世界各地的订单如雪花般飘来，工匠们日夜飞针走线。正是这段最忙碌的日子，让赵崇延的技艺突飞猛进。1990年，他被评为"成都市先进个人""'双增双节'能手"。

可惜，随着西方人的热情褪去，进入20世纪90年代以后，蜀绣厂迎来艰难改制时期，工匠不得不离开绣厂，甚至放弃蜀绣，另谋出路。当年的几百位工匠，至今仍在这个行业坚守的，已不到20人。

彼时也是赵崇延生活最为困难的时候，一岁多的孩子在家嗷嗷待哺，迫于生计，他不得不开始蹬人力三轮车养家糊口。即便这样，他仍然没有放弃自己热爱的蜀绣事业。

刺绣讲究手感和敏锐度，放下一段时间，或许就再也拾不起来了。赵崇延为了不让自己对针线变得生疏，每天一大早出门拉活，傍晚时分便回到家中，坐到绣架前开始绣花。寒来暑往，这样的生活节奏持续了好几年，赵崇延在困境中仍不忘初心，坚持磨炼自己的技艺，等待蜀绣在下一个春天绽放。

终于，进入21世纪以后，随着人们生活水平逐渐提高，国家对文化工艺产业日益重视，特别是2006年蜀绣被

列入首批中国国家级非物质文化遗产名录之后，赵崇延终于能够成立自己的团队，专心于蜀绣事业。

从业多年，赵崇延获得过不少奖项：2012年，在义乌举行的第四届中国国际旅游商品博览会上，赵崇延的作品获得特别奖；2013年，赵崇延被评为"四川省民间艺术（刺绣工艺）大师"；2015年，其作品《美人》荣获"第五届四川工艺美术精品展"金奖……但他从来不在意这些荣誉，有时他甚至会将获奖的机会让给自己的弟子。他更在意的，是蜀绣这项国家级非物质文化遗产的传承与发展。

为了传承这项千年技艺，赵崇延这些年义务在政府、学校或其他机构组织的蜀绣技能培训班中担任指导老师，自己也在家中教授徒弟。赵崇延招徒弟的条件相当宽松，只要愿意学习蜀绣，能够坚持下去，他都愿意把毕生所学倾囊相授。遗憾的是，赵崇延教过或指导过的学生已经上千人，但真正坚持至今的只有寥寥数人。

不过，赵崇延依然保有乐观的心态，现在的年轻人不喜欢因循守旧，他也在蜀绣工艺的创新之路上积极探索。

前两年，赵崇延和相关人士合作，使用人工智能的方

式绘制蜀锦，再在蜀锦上手工绣制作品。锦中有绣，绣间穿锦，将天府之国的两大艺术瑰宝与现代高科技相结合，创作出了明艳秀丽、栩栩如生的《在异域的宝贝》。

如今，赵崇延更是从西方绘画大师毕加索的作品中汲取灵感，尝试用蜀绣的方式来表达西方现代派画作。赵崇延说，无论是否成功，他只是想探索一条路，让蜀绣走上更加广阔的世界舞台。

这是一次中国传统工艺与西方现代艺术的大胆尝试，相信在东西方文明的交流与碰撞中，蜀绣必定能绽放更加耀眼的光彩。

黄海明

用蛋糕传递美和温暖

一锅火锅底料，从上面一颗一颗的花椒，红红的干海椒，辣味十足的牛油，加上下面铮亮的铜锅，你以为这是大家都抢着吃的火锅？错！这是蛋糕造型工匠黄海明的创意蛋糕，上面的每一个细节都是黄海明的用心之作。在快餐文化盛行的时代，黄海明却放慢脚步，用心去做好每一个蛋糕。于他而言，蛋糕就是食物中的艺术品，把艺术品做到极致，得到顾客的认同，就是他所追求的工匠精神。

有人曾说，每个女人心中都有两个巴黎梦，一个是吹

用蛋糕传递美和温暖　黄海明

213

着塞纳河飘来的风，漫步在香榭丽舍大道；另一个就是驻足在琳琅满目的甜点橱窗前，因为吃到一块精致完美的甜品，而感到无比满足。但巴黎太远，机票太贵，第一个梦想只能先放一边，但是第二个梦想，如今在黄海明的蛋糕店就能轻易得到。

"火锅底料""青花瓷碎片""传统剪纸""美丽花园"……这些人们日常生活中经常见到的物品和场景都被黄海明用蛋糕立体地诠释了出来，与其说这是一个蛋糕，不如说这是一件艺术品。

黄海明做蛋糕，是一种较真执着的讲究，遵循的是经典、健康，他对烘焙，有一种严苛的态度，所有的原料全部都是他经过一轮又一轮地尝试，筛选下来最好最适合的，他的双手因为每天来来回回地清洗消毒变得苍白。每天出来的甜品，他要做第一个品尝者，因为他坚信"只有先打动自己才能打动别人"。

今年30多岁的黄海明从事蛋糕制作才4年多时间，但曾经做了10年形象造型设计的他，现在做起蛋糕造型来得心应手。"原来我做造型的对象是人，只是现在换成了蛋糕，虽然两者的表现形式有所不同，但它们在审美和创意设计上是相通的。"黄海明说道。

其实，不甘平庸的黄海明骨子里一直藏着一颗不安分的心，当年在形象设计行业熬出头的他，毅然放弃自己多年的成就，从讨活到情怀——他做过主持人、摄影师，他选择的每一份工作与其说是"尝鲜"，不如用"寻找自己"更为恰当。

就在这场兜兜转转不断变化的职业转换中，黄海明决定再跨行业——做甜品和糕点。

"任何一个拐弯的地方都是一种财富，就看你怎么想。你总是在一个地方获得一些、失去一些，你也不知道你获得了什么，失去了什么。"至今，谈及当年的选择，黄海明表示，"准备太多或者考虑太多，反而是种阻碍。尽量顺着自己的心选择，生命会自己找到答案。"

事实上，一直以来，身为广东人的黄海明对各种甜品和糕点情有独钟，因为爱吃，所以对糕点也颇有研究，几分甜度、几成火候、几种口感层次，黄海明一吃便了然于心。于是，他只身到上海某高档酒店应聘甜品研发的工作，只为学习最正统的甜点技艺。他每天起早贪黑，除了练习还是练习，做出来的甜品拿给身边的朋友、邻居试

吃，大家提出的意见和建议，他都认真记录，然后再仔细研究思考如何做得更好。从甜品的外形到颜色搭配，从质感到口味，他的脑子里会有很多新的想法蹦出来。每当有了新的灵感，即便快要入睡，他也会马上记下来，甚至第二天就忍不住去尝试。

甜点研发工作的重点，是如何利用最低的成本做出最好的效果，因此黄海明必须得非常熟悉每一种食材和原料的作用，以及最终的口感与呈现状态。正是这份研发工作，为他打好了蛋糕造型的基础。"重视细节，我只是希

望让拥有它的客人从优秀品质上，从里到外感受到愉悦和美好。"

后来，喜欢成都的黄海明辞掉当时的工作，来到成都专心致志地研究起蛋糕制作来。

有着深厚美术功底的黄海明开始自学蛋糕造型。为了研究原料和配方，他还去试吃当地有名的糕点。经过不断尝试，黄海明终于做出了自己的蛋糕特色并在顾客中赢得好口碑。随后，黄海明开了自己的私房蛋糕定制店，每天生意爆棚，成了网红打卡地。黄海明自信满满地说："我会根据顾客提出的要求制作不同的蛋糕，任何一个对他们有特殊意义的事物，我都可以用蛋糕呈现出来。"现在，黄海明的工作主要是蛋糕造型，主打"手绘蛋糕"。

作为第二届"濯锦工匠·十佳工匠"获得者之一，这些年来，黄海明始终坚持初心，在蛋糕的造型和包装上下足了功夫，让这个源于西方的糕点，在自己手中焕发出崭新的、独具中国特色的风格和魅力。关于手绘蛋糕的色彩，黄海明有着自己的见解。他说，现在不单单只在绘画上需要到颜色搭配，在我们生活中很多方面也需要注意，当然它在烘焙行业也是不可缺少的。蛋糕首先看起来要

"养眼"。养眼就是看起来舒服，视觉效果协调，给人以美的享受和感觉，而色彩搭配就是形成"养眼"的关键因素之一。蛋糕的颜色搭配的好坏决定着蛋糕的颜值高低。

经历了这么多，黄海明对"成功"有着不一样的理解："现在是个快节奏的时代，一些人无法沉下心去做事情，都想着一付出就马上有收获。只有你努力，沉下心去积累，才能把你的东西做到顶尖，成功就是意料之外、情理之中的事了。"

而对于现在的工作，黄海明直言"很幸福"，他说："当我沉下心来做蛋糕的时候，更觉得这不是工作，而是一种享受。我在蛋糕上是要花费很多的时间和精力，但我却很享受每天的时间都花在这上面，我能感受到别人的认同感和从我心底散发的愉悦感。我希望用自己的双手创造出的美和温暖传递给更多的人。"

黄海明——

用蛋糕传递美和温暖

阎洪贵

我国是茶的故乡，种茶、制茶、饮茶都起源于我国，而四川省则是茶的原产地之一。泸州市纳溪区地处四川盆地南缘丘陵与低山区之间，属亚热带湿润季风气候，是最适合发展特早名优茶的区域，也是全球同纬度茶树发芽最早的区域。纳溪独特的地理气候造就了诸多名茶，比如四川梅岭茶业集团有限公司的岩缝牌"岩缝雪芽"就在第四届中国（四川）国际茶业博览会茶叶评比活动中荣获金奖。说起种茶、制茶，该公司董事长、国家级评茶师阎洪贵一下打开了话匣子："我希望通过自己的努力，让越来越多的人了解纳溪特早茶，让纳溪的特早茶能走出国门，走向世界。"

20世纪90年代末，建筑行业在我国逐渐兴起，众多年轻人加入到建筑行业大军中，走上了打工致富的道路。阎洪贵也投身到了建筑行业，用自己的劳动创造财富，成了当地小有名气的包工头。虽然挣了些钱，但阎洪贵的心里却总感觉差了一点什么。他回忆说："钱在哪里都可以挣，但同时能够为家乡的建设出一份力才是我一直的梦想，我想在家乡干出一番事业来。"

于是，阎洪贵就开始了解和咨询家乡泸州的自然资源。经过多次考察和论证，阎洪贵最终决定走种茶这条路。原来，阎洪贵了解到，泸州纳溪以丹霞地貌为主，红砂土壤，土层深厚，极其适合茶叶种植，而且纳溪种茶、制茶、饮茶的历史源远流长，最远可追溯至周武王时期，唐宋典籍也多有记载。晋代常璩《华阳国治·巴志》记载："周武王伐纣，实得巴蜀之师，茶蜜皆纳贡之"；陆羽《茶经》有"纳溪梅岭产茶"，山谷道人黄庭坚的《煎茶赋》中"泸州纳溪梅岭茶"及他手书石刻"二月茶"；当代王镇恒所著《中国名茶志》中"泸州茶又名纳溪茶"载述了纳溪特早茶的悠久历史。沿着历史的痕迹，"纳溪特早茶"折射出了中国茶文化的源远流长和深厚底蕴。"纳溪是地球同纬度盛产中国早茶的地方，对于顾客而言，他们收到的是最早的茶，品到的是最鲜的茶汁，这是竞争优势。如果在纳溪制茶，销路肯定不愁，而且也能带动周围乡亲一起致富。"谈起创业初衷，阎洪贵很兴奋。

说干就干！2000年，阎洪贵响应政府号召，带着自己的"制茶梦"转行来到纳溪红岩村（现护国镇德洪村），承包了360亩（1亩≈666.7平方米）土地，开荒山建茶园。红岩村属于偏远山区，地理位置和生态环境都很适合茶树生长。刚开始的那几年，阎洪贵带着一家人成天待在茶园里，每天只干一件事情：锄草管理。从国庆节一直干到春节都还没有锄完。

"两年了，一天忙到晚，一点效益都没得。"在很多人打起退堂鼓的时候，阎洪贵却仍在坚持。除此之外，好学的阎洪贵到处取经，不懂就向书本学、跟茶农学、请专家讲……到了第三年春天，茶树抽出嫩芽，阎洪贵看到了希望："虽然每天采茶让我腰酸背痛手发麻，可每当将鲜叶卖出去之后，就觉得自己再苦再累都是值得的。"

不过，阎洪贵在销售早茶的过程中发现，光靠卖鲜叶并不能体现梅岭特早茶的最大价值。因为等到江浙一带的茶叶开始采摘，本地鲜叶的价格就一落千丈，甚至有时候根本就卖不出去。于是，他决定自己制作茶叶。

2004年，阎洪贵用自己的全部积蓄3万余元购置了设备，开办起红岩茶厂。"说是茶厂，其实和家庭作坊没什么两样，几间破旧的瓦房摆放着几台制茶机器，从茶山管理、茶叶采摘再到制作加工、外出销售，每件事我都要亲自动手做。"后来，在纳溪区农业局专家的引荐下，外省的几家茶叶生产厂家对纳溪特早茶很有兴趣，派出技术人员前来指导阎洪贵制作茶叶。于是，阎洪贵就不分昼夜地待在生产车间，杀青、揉捻、干燥，这些绿茶制作要领很快也一一掌握了。"杀青时，锅里的温度至少有300℃。学习制茶的时间里，炒茶的一双手总是被烫得满手起泡。"阎洪贵说道。功夫不负有心人，阎洪贵制作的茶叶由于质量上乘，一上市被抢购一空。"这一年下来我赚了10来万元。这也再次增长了我发展茶叶的信心。"想起当时的情景，阎洪贵满脸笑容。

没想到第一年就赚了10多万元，这增长了阎洪贵发展茶叶的信心。新增设备、开辟茶山、组建合作社，阎洪贵很快拥有30台生产不同类型茶叶的设备，每天能产100多斤（1斤=0.5千克）茶叶。为扩大梅岭特早茶的影响，他将自己的厂子改名为梅岭茶厂。2011年，在茶产业摸爬滚打10年之后，梅岭茶厂终于有了自己的品牌——岩缝，并成功推出了岩缝雪芽、岩缝毛峰、岩缝茗茶、岩缝红茶、岩缝香茶、岩缝千年古树茶、岩缝金花茶等系列特色品种，受到广大爱茶人士的青睐。

　　关于这"岩缝"品牌的由来，阎洪贵解释道："岩缝，寓意不屈的力量。比如岩缝中的小树，面对山岩的压力从未屈服：没有肥料，只要有一滴水也要长出绿叶；没有泥土，就把根扎在石头上。这种精神正是我们现在这个社会所需要的。"

　　"当初一起办的几个厂，到现在只有我这个梅岭茶厂坚持了下来。"阎洪贵动情地说，"梅岭茶厂今天的发展更离不开乡亲们的支持。而且做企业不能只看自己的利益，还要造福一方。"虽然自家的产品不愁销路，但阎洪贵觉得，当地的茶产业并不发达，市场竞争力还不够强劲。为了将当地的茶产业做大做强，带动当地的老百姓发家致富，2016年，阎洪贵联合纳溪区的9家茶叶生产厂家，成立梅岭特早茶集团有限公司，集团公司下面有专业的销售团队、管理团队，各分厂的生产技术和产品销售，由公司统一管理。同年，在护国梅岭茶园举行的"中国特早茶之乡·四川第四届茶叶开采活动周"开幕式上，阎洪贵的纳溪特早茶与杭州西湖龙井结为"姊妹茶"，开四川茶叶界的历史先河。

有人说，喝茶是一件修身养性的事，制茶其实同样如此。阎洪贵说："制茶让我逐渐变得平静、沉稳，无论做茶如何辛苦，近20年来我一直用热爱代替着坚持。制茶人就是要耐住得寂寞，静得下心。"

现在，阎洪贵的四川梅岭茶业集团有限公司自建了5个特色茶园基地，包括18 600亩的中国特早茶核心基地茶园、古蔺县原生态野生有机枞茶基地、古蔺县野生古茶树基地以及叙永野生金花茶基地，其中野生古茶树基地主制红茶、白茶、绿茶、黑茶系列高端饮品。对于未来，阎洪贵信心满满："纳溪特早茶的名气不断提升，前来投资建厂的老板越来越多，茶农种茶不愁销，加上茶的口碑好、

口感佳，全国各地的茶商也都竞相前来采购，收购价格是逐年上涨。未来我要初步建成梅岭茶业集团茶产业园区，建成红、黑、绿、白多条全自动电脑程控生产线；规模发展特早茶基地；整合野生古茶树资源和野生金花茶树……希望通过这些努力，研制出外宾喜欢的茶品，让纳溪特早茶能尽快走出国门，走向世界。"

雷凯

微雕里的大世界

　　微雕艺术是一门古老而新兴的艺术表现形式，无论是文字还是立体雕刻、线雕等，都以各种形态的艺术形式来诠释艺人对生活、对艺术美好的追求。"想要做好微雕，唯有心平气和、心静如水、心无杂念方可成功。"四川省民间艺术（微雕艺术）优秀传承人雷凯说："而欣赏微雕，也讲究环境安静。当你深入欣赏时，就仿佛被带进另一个幽静的微观世界里，会忘掉周围一切，这种感受是欣赏其他艺术时无法体会到的。"

雷凯——微雕里的大世界

229

在成都锦里书院雷凯的工作室，笔墨纸砚、瓷瓶、奇石、各种精致的小玩意儿随处可见。乍一看，和普通的收藏物件相差无几，但仔细观察就会发现，在这些小摆设上都密密麻麻地刻着肉眼几乎分辨不出的文字和图案。

雷凯正在完成自己的一款微雕作品。尽管周围的音乐声、市民的谈话声、商贩的叫卖声混成一片，但雷凯仿佛置身于另一个世界，一直目不转睛地盯着手上的石头。他屏住呼吸，微动手指关节，把全身心的力量传至肉眼根本无法看清的刀尖，在石头上一刀一刀扎实地游走着。当用刀尖刻下最后一笔时，雷凯才长舒了一口气，如释重负。

所谓微雕，即微型雕刻，一般指微细的圆雕、浮雕和透雕（镂空雕）等。它甚至可以在米粒大小的象牙片、竹片或数毫米的头发丝上进行雕刻，其作品通常富有立体感，在显微镜和放大镜下呈现出绝美的姿态，故历代称之为雕刻绝技。

雷凯说："微雕艺术其艺在'微''精'，愈是细微、精巧，愈需要雕功，愈需平和耐性，如此，方能产出精品。微雕之所以令很多人望而却步，总的来说是因为它的门槛太高。微雕必须具备很高的综合素养，比如人生阅历、文化修养、美学基础、绘画技能以及雕工等方面。要学成需要漫长且艰辛的付出和执着的坚守才行。"

据雷凯介绍，微雕的工序繁复、耗时绵长，从挑选载体到研磨、排版设计、雕刻、上色，再到包装，短则需要数星期，长则需要数个月。雕刻前后，天然硬物都要反复地研磨抛光，方可映透出其温润中夹带的笔锋和棱角。

回望3 000多年的微雕历史，从殷商时期甲骨文中的微刻，到明代最著名的立体圆雕作品《核舟记》，再到如今在头发丝上刻画诗词，无数人加入过微雕这个行业，但最后能坚持下来有大成就者却寥寥无几。雷凯之所以能在微雕艺术上开创一片属于自己的天空，与他执着和宁静的性格密不可分。

雷凯说："当初我进入微雕这行属于无心之举。十多年前，我听说微雕大师郭月明的微雕工作室正招收工作人员，在辅助郭老先生工作之余，还可学习微雕技艺，又有工资可拿，于是我便去了。"

应聘时还有件趣事。郭月明问雷凯："你的书法功底怎么样？"雷凯谦虚地回答道："零基础。""那你写几个字来看看？"雷凯拿起毛笔挥就几字。郭月明说："小伙

微雕里的大世界 雷凯 ——

子，你这哪叫零基础！"他向雷凯点点头，"就你了。"

　　进入工作室后，雷凯才逐渐为微雕这门技艺所倾倒。从此潜心学习微雕、微刻、微书、微书画、微塑等技艺。

　　微雕细刻的最大特点就是以刀代笔，即用刀将书法、绘画按照科学的比例刻到石头、象牙片等载体上去。因此，书画的基本功是学徒的第一功底。雷凯说："书画底子差了，无论如何隐藏，在放大镜或者显微镜下一放，拙劣的笔势都无所遁形。但一切讲求融会贯通，字无非讲求力度和速度。"

　　书画微雕，集合了书画与雕刻这两者艺术创作特点，若没有娴熟掌握书画与雕刻的功底，似乎有点勉为其难。比如，书法是握笔蘸墨在纸上挥洒自如，以笔法、结构和章法来展显汉字的美感。雕刻则是操刀，在材质表面刻画或削减，来达到在一定空间的可视、可触的艺术效果。因此，一件书法微雕作品，包含着笔法和刀功最基本的技法，不能顾此失彼，应相互配合，互为取补。

　　雷凯说："我出生于农村，虽出身寒门，但自幼喜爱绘画，自学了素描、水粉、水彩、国画、油画等。曾师从于著名画家叶进康老师系统学习山水画的基本技法，

風雨兼程大自然絕處逢生一百年天歐洲冷瓷燒成功伴熱潤流無勤次遭歐深藏一次驚天動地震藏千百次倒下去是為了最接一次站起來未來無您去練一切都以信了對美輪決有略空調開放就是人生。戊戌年仲秋月喹凱剥楳青生銘於成都綿里書苑

多次随师到大自然写生，作品曾多次在省、市画展、联展上获奖。"

正因为有了诸多的艺术基础，雷凯不仅吸收了前辈们的微雕技艺精华，还在创新的路上不断探索。他把绘画与书法融入雕刻中，融入边款中，实现了微雕与书画的完美结合，构成了雷凯创作微雕"字画结合"的独特风格。尤其是雕刻古诗词时，雷凯总要精心设计出一幅别有意境的画面与之相配，与文字彼此呼应、相得益彰。

其实，边款艺术是微雕艺术产生和发展的基础。明、清以来，不少文人雅士在印章这方寸之中，用铁笔题书作画，寄托情趣，自娱自乐。后来更有人在印章方柱的四边，以极细微的文字雕刻古人诗词作为边款。雷凯认为："在边款上做文章，不仅仅只是增强观赏性。如果在微雕作品的材质上力求上品，再把书画与之结合，把文学作品上升到艺术境界，那这微雕就创造了更大的价值，也就具有了收藏价值。"

既为微雕，重在"微"字，当然越小也就越难。小的程度取决于创作者对多种道具的熟练运用以及细心、耐心程度和入静功夫。

"欲善其工必利其器"，要想刻得更小，就必须得根据不同材质选择不同刀具。雷凯说："微雕的刀具必须是特殊的细刀，既要尖细，又得锋利，运刀要稳、准、狠，只有这样，才能使书画和刀法笔意达到完美的一统。"

　　在显微镜下刻字，与肉眼看世界截然不同，当一根头发被放大至几十倍，初学者拿着刻刀都不知道无从下笔。刻刀锋利，一不留神，发丝就会被拦腰截断。雷凯笑说："其实自己是在用'意念'刻字。刻刀划过发丝，透过显微镜，我也只有凭着直觉刻下去。"待刻完，抖一抖发丝，那一行字才显露出来。字迹要笔画清晰，排列均匀，才算是佳作。

　　欣赏微雕作品得借鉴放大工具，"透过刀锋看笔锋"。如果说篆刻是方寸之间气象万千，那么微雕则是毫厘之中万千气象。

　　这些年的作品里，雷凯记忆最深的是《熊猫》微雕：一枚铜钱上粘着一根金铜色的绣花针，其针眼上有一片绿地，两只可爱的小熊猫正躺在上面睡懒觉……

　　雷凯说："这件作品相当耗时。绣花针是我手工制作的。我就用一根铜丝花了几周的时间才打磨出针尖和针

鼻。而在针鼻上打针眼更是费时，用手制钻花机尝试多次才钻出针眼，就和钻木取火差不多。"

钻出针眼后，大熊猫的神态也让雷凯绞尽脑汁。于是，他亲自去成都大熊猫繁育基地观察大熊猫的各种形态。回来后，他先用浅绿色的油画颜料填满针眼，设计出草坪模样，再采用厚堆法塑出大熊猫。

随着时代的进步，3D打印技术正逐渐成熟，有人因此担心微雕手工未来的前途。对此，雷凯有不同的观点，他说："手工微雕不可替代，它具有工业时代所不具有的不

可复制性，因为手工做出来的每件作品都是独一无二的。尤其是每个手工艺人的设计理念，绝不是机器所能完成的。我的设计理念里包含了四川独特的文化元素，比如大熊猫、金沙遗址、三星堆文化、九寨沟等。比如在锦里，我想得更多的就是如何把三国文化发扬光大。"

"用心于风声雨声之外"，一直是雷凯信奉的座右铭。

现在，雷凯只想安心做好自己的微雕传承。接下来，"我要为成为一名大国工匠而努力"。

微雕里的大世界 雷凯

为了让自己喜爱的手工行业和坚守一种老的技艺传承有表达的空间和可能，我们用了两年多的时间，做了一件或许不被大家看好的寻找匠心和工匠的评选活动。

我承认，在流水线和工业生产的时代，批量生产技术已经达到炉火纯青的地步，提高生产效率、降低生产成本的潜力不断被挖掘。一代代工人在机器、人工训练、流程优化等领域的努力，使得工业生产为我们提供了"廉价"的物资，人们才得以拥有如今丰富的物质资源。

我们做匠心活动和工匠评选，并不是与工业生产抗衡，更不是质疑工业的发展给我们带来的美好生活。很多人认为，工匠就是代替一种机械的工作者，但其实，"工匠"意味深远，代表着一个时代的气质，代表着一个民族的特质，体现与传承着坚定、踏实、精益求精等一系列时代精神，这与工业似乎并不冲突。从2017年到现在，"濯锦工匠"从第一届启动到现在，算下来，今年刚好是第三届。于我而言，这已经不再是一个评选活动，而是一种情怀。

2017年春季的雨水时节，在一次新茶品鉴会上，某位领导看到现场手工炒茶师傅，于是迸发出了灵感，说："今年我们能不能做一个工匠活动的评选。"或许就是一个随口而说的灵感，我和一群同事商量，是不是要操刀这么一个项目，寻找一批优秀手艺人，把他们经历的事情，以及他们好玩的经历通过新媒体渠道跟大家分享分享。说干就干，从讨论评选的方法到评选的标准，几经周折，方案最终敲定了。评选的名字从"卓锦工匠"到"濯锦工匠"，因为锦江有着濯锦之江，源远流长的寓意，所以最终定了这个名字。

许多年以前，说起匠人，大家并不陌生，如像木匠石匠泥水匠；铜匠铁匠金银匠；陶匠炉匠砖瓦匠；皮匠鞋匠洗染匠；篾匠漆匠剃头匠；花匠画匠雕刻匠……人类社会早期发展的过程中，就出现专门从事手工业生产的各类工匠，匠人们一代又一代地薪火相传，一直延续至今。

两年多的时间，濯锦工匠评选活动也已经举办了三届，从首届仅评选出16位，到现在已经寻找和评选近200位工匠；从几乎只是自己微信公众号的小圈子分享，自娱自乐的方式，到今天已经累计将近100万次关注。特别值得一提的是，当首届匠心故事推出后，受到了四川省图书馆的特别关注，他们主动邀请我们到馆内举办颁奖盛典。而去年我们也受到成都市几个部门的邀请，带领工匠作品到海外展示交流，国内外媒体大篇幅报道。

其实，刚开始做这件事的时候，好多朋友都挺质疑我们到底能不能干好这件事，如果能干好能不能赚钱。有些好友曾经在我的朋友圈下面留言说："看你能坚持多久。"我的回答也很简单："努力坚持，坚持不了不干了，也不丢人，算是多涨门经验。"而工匠项目是不是能赚钱这件事，也成了大家取笑的理由："国内民间手艺、文创、非物质文化遗产是小圈子的东西，干这玩意吃力不讨好，你这背景和经历，还不如注册个自媒体，或者，整一个土特产销售来得容易。"

其实我知道经营一个自媒体、搞个内容传播项目，想要做好也要付出不少心力，并不存在谁更容易这种比较，但确实工匠手艺人这东西比较而言受众群体还很小，即便做得很好，可能也不如一个品牌的事件营销可触达的人更多。但问题出来了：为什么现在有那么多的匠人愿意加入到我们的群体，为什么有那么多的匠心故事能触及人心呢？就像我的同事常挂在嘴边的一句话："现在社会还在默默无闻地专注一个领域和一件事情，不闻窗边事，不屈于利益的诱惑的人，都使人感动，这样的感动，远远超出金钱的价值。"

在我看来，工匠活动的评选初衷就不是一个简简单单的评选，或者说就单纯地给他们的一个荣誉，再直接地说也不完全是为了完成领导安排的一个活动。据数据统计，目前全国共有438万民间手艺人，分布在各行各业，各个角落。他们都陷入了思考下一个作品是什么、市场从何而来的恶性循环。或许"穷"已经是手艺人的代名词（不代表所有手艺人都穷，但基本是一个现象），他们有过痛苦，有过挣扎，经历过迷茫，也走过岔路，但他们始终坚持。我们将他们的匠人之心——琢时光之影，一辈子只做一件事通过评选活动呈现给普罗大众。通过评选把工匠手艺人汇聚一起，用镜头留住他们的岁月，用文字写下他们的故事，让匠人和作品被看见、让匠人的声音被听见，让东方美学融入生活点滴，让传承成为潮流。

　　进入工业时代后，一些与现代生活不相适应的老手艺、老工匠逐渐淡出我们的视线，而今，尚存的极少数匠人逐渐被社会边缘化，而继承他们手艺的人越来越少。

　　然而，他们的精神却没有消失，甚至在当今社会还被大力提倡。党的十九大报告中提出，建设知识型、技能型、创新型劳动者大军，弘扬劳模精神和工匠精神，营造劳动光荣的社会风尚和精益求精的敬业风气。2016年3月5日，国务院政府工作报告提出，要鼓励企业开展个性化定制、柔性化生产，培育精益求精的工匠精神，增品种、提品质、创品牌。这里提倡的工匠精神，就是给我国产业转型从思想观念上指出了一条具体可行之路。报告中的"工匠精神"，它是一种职业精神，同时又是职业道德、职业能力、职业品质的体现，是从业者的一种职业价值取向和行为表现。工匠须具备敬业、精益、专注、创新等方面不断突破自我的优良品质。2018年9月，成都正式发布实施《关于实施"成都工匠"培育五年计划的意见》（简称《意见》），《意见》提出，到2022年，要基本构建起一支能够支撑和引领成都现代产业发展，结构优化、素质优良，具有强大竞争力和影响力的工匠人才队伍，传承发扬工匠精神。

我们坚持了两年多，未来将更加坚定地继续坚持下去，年初我们也做了五年计划。在过去的一年，我们不断地在优化我们的匠心商城，也在尝试举办各种不同的市集。这两年我们得到了众多好心人的支持，得到了很多帮助。受锦江区总工会，锦江区商务局，盐市口街道党工委、办事处领导们的信任和支持，我们有幸策划执行"濯锦工匠"评选活动，不然绝无此时的收获；感谢评委专家们的支持，不然绝无勇气承担此次重任；感谢媒体友人和支持工匠精神的朋友们，不是你们的分享，我也绝对不能寻找到这些工匠们，更不可能与这么多的工匠相识；最重要的是感谢工匠们愿意将自己的作品和精力投入到每一场活动之中，愿意与我分享你们的经历和故事；感谢我自己，做出如此正确的决定；还要感激很多文化界专家都提出了很多学术方面的意见和建议，也使我受益匪浅。

在接触到众多工匠时，我仿佛也经历了不同的人生。这些工匠及其作品将我带入那些或远或近的年代，与那时的人物与情境相逢，身处其中，让我感到快乐。于是就有了出书成册的念头，在10来位作家的帮助下，《濯锦工匠·百匠大集》首卷《初心》顺利出版，10多名作家深度走访了30名工匠，对他们的生活和技艺进行了梳理，他们在写作的过程中，尽量使故事简单易懂。这些故事，值得我们细细体味，在读懂之后，更是值得我们用一生致敬。

我们希望，让曾经对中华文化做出过卓越贡献的工匠精神在新时代重现生机，希望将各路匠人之心汇成大匠之梦，在这古老而年轻的中华大地上重放光华。

总之，出版《濯锦工匠·百匠大集》系列丛书是一件能让我们成长的事情，希望能让大家在阅读匠心故事中获得轻松与乐趣，如果在轻松与乐趣之外，还尝试着想要了解和接触下书中的每一个人，支持一下他们的产品，那就再好不过了。

胡文峰

2019年9月10日于濯锦工匠之家

后记

图书在版编目（CIP）数据

濯锦工匠·百匠大集：初心 / 罗彬, 蒋林, 胡文峰
主编. —— 成都：四川科学技术出版社, 2019.11
ISBN 978-7-5364-9668-2

Ⅰ.①濯… Ⅱ.①罗… ②蒋… ③胡… Ⅲ.①手工艺
—民间艺人—生平事迹—中国 Ⅳ.①K825.72

中国版本图书馆CIP数据核字(2019)第254686号

濯锦工匠·百匠大集：初 心
ZHUOJIN GONGJIANG · BAIJIANG DAJI: CHUXIN

主　编　罗彬　蒋林　胡文峰

出 品 人	钱丹凝
策划单位	读者报社　濯锦工匠联合工会
策划编辑	程佳月
责任编辑	何晓霞　王双叶
封面设计	毛　木
版式设计	杨璐璐
责任出版	欧晓春
出版发行	四川科学技术出版社
地　　址	四川省成都市青羊区槐树街2号　邮政编码：610031
成品尺寸	145mm×210mm
印　　张	8.25　字数 165千
照　　排	成都木之雨文化传播有限公司
印　　刷	成都市金雅迪彩色印刷有限公司
版　　次	2019年12月第1版
印　　次	2019年12月第1次印刷
定　　价	68.00元

ISBN 978-7-5364-9668-2